U0484859

即将来临的
工作危机

数字经济时代的
工作挑战、转型与机遇

［美］达雷尔·韦斯特（Darrell M. West） 著

王珍珍 译

**THE
FUTURE
OF
WORK**

Robots,
AI,
and
Automation

图书在版编目（CIP）数据

即将来临的工作危机：数字经济时代的工作挑战、转型与机遇/（美）达雷尔·韦斯特著；王珍珍译. -- 北京：中信出版社，2022.7

书名原文：The Future of Work: Robots, AI, and Automation

ISBN 978-7-5217-4431-6

Ⅰ.①即… Ⅱ.①达… ②王… Ⅲ.①信息经济－经济发展趋势－研究 Ⅳ.① F49

中国版本图书馆 CIP 数据核字（2022）第 090620 号

The Future of Work: Robots, AI, and Automation
Copyright © 2018, The Brookings Institution
Simplified Chinese translation copyright © 2022 by CITIC Press Corporation
ALL RIGHTS RESERVED
本书仅限中国大陆地区发行销售

即将来临的工作危机——数字经济时代的工作挑战、转型与机遇
著者：［美］达雷尔·韦斯特
译者：王珍珍
出版发行：中信出版集团股份有限公司
（北京市朝阳区惠新东街甲4号富盛大厦2座 邮编 100029）

承印者：北京诚信伟业印刷有限公司

开本：880mm×1230mm 1/32　印张：8.25　字数：204千字
版次：2022年7月第1版　印次：2022年7月第1次印刷
京权图字：01-2022-3062　书号：ISBN 978-7-5217-4431-6
定价：59.00元

版权所有·侵权必究
如有印刷、装订问题，本公司负责调换。
服务热线：400-600-8099
投稿邮箱：author@citicpub.com

献给珍妮·卢·马拉莫

希拉里·肖布

利兹·瓦伦蒂尼

史上最得力的助理

目　录

前　言 // VII

第一部分　加速创新

第一章　机器人

正在普及的机器人应用 // 007

学习与适应型机器人 // 013

社交机器人 // 015

性爱机器人 // 017

加速变革 // 020

小结 // 023

第二章　人工智能

人工智能的应用 // 026

机器学习和大数据 // 031

自动驾驶汽车 // 034

虚拟现实 // 039
聊天机器人和私人助手 // 043
对组织决策的影响 // 047
小结 // 053

第三章　物联网

高速 5G 网络 // 056
软件定义的网络和网络功能虚拟化 // 058
5G 与医疗物联网 // 060
医学影像与诊断 // 061
个性化医疗 // 064
数据分析 // 066
5G 对医疗准入、医疗质量及成本的影响 // 067
其他领域的应用 // 070
小结 // 075

第二部分　冲击之下的社会

第四章　变化的工作

正在减少的劳动力需求 // 080
自动化的风险 // 088

公众的观点 // 094
技术变革对不同群体的影响 // 097
新型商业模式与共享经济 // 101
新型工作：志愿服务和养育子女 // 105
用艺术和文化来充实闲暇时光 // 107
小结 // 112

第五章　新型社会契约

创建带有可转移福利的公民账户 // 114
实行带薪家庭假 // 118
改进所得税抵免规则 // 119
完善贸易调整援助计划 // 122
提供可转移的退休福利 // 124
发放全民基本收入 // 126
放宽工作许可要求 // 131
谁来买单 // 132
小结 // 138

第六章　终身学习

长期混乱的时代 // 140

社区大学和私营企业的作用 // 142

远程学习 // 145

课程改革 // 149

用于终身学习的活动账户 // 155

小结 // 157

第三部分　以美国为例的行动计划

第七章　关于政治的反思

过去应对巨变的努力 // 163

应对结构性变化 // 165

不平等的局面 // 166

灵活保障制度 // 172

不作为的风险 // 174

特朗普主义不是政治反常 // 176

经济产出与政治表现的不匹配 // 178

媒体混乱与虚假信息 // 182

小结 // 186

第八章　经济改革与政治改革

新型工作模式 // 190

改善医疗、教育和福利 // 193
建立共和国 2.0：政治改革的必要性 // 196
推行全民投票，减少政治两极分化 // 201
减少地域不平等 // 202
改善立法代表性 // 204
废除选举人团制度：选举结果与民众意愿 // 206
竞选资金改革：政治体系中的经济不平等 // 207
团结税 // 208
小结 // 209

注　释 // 213

前　言

有一天，我的助理希拉里向我讲述了一次特别的经历，我这才意识到，一些不太寻常的事情正在我们的生活中悄然发生。那天，我让希拉里帮我更改一次面谈的时间，她给对方的私人助理艾米发了邮件。艾米回复得非常迅速。在整个周末都没有收到希拉里回复的情况下，她连续发了多封邮件催促我的助理，希望早点儿敲定合适的日期。

直到此时，希拉里才注意到，原来艾米只是一个"虚拟助理"。它属于某个人工智能公司，专门负责协调会议。它的工作职责跟人工助理差不多：阅读邮件，辨识信息，并做出相应的回复。要不是它的签名栏中有一个人工智能识别标志，以及它在周末执着地催促邮件回复，在跟它交流的过程中，根本不会有人发现它是一个虚拟机器。

这次事件让我意识到，拥有一位经过智能响应培训的数字助理已经不是幻想。相反，这在现实生活中早已存在，而且这些数字助理的表现非常不错。这项技术与其他一些自动化手段都是现代科技中顶尖的技术的一部分。除此之外，机器人、人工智能、虚拟现实、自动驾驶汽车、人脸识别算法、无人机以及移动传感器，正在改变我们生活的方方面面，并将我们引向一个自动化社会。

本书探讨了新兴技术对职业、教育、政治以及公共政策的影响。如果自动化和机器人的发展导致公司对员工的需求越来越少，但大部分社会福利仍然通过全职工作实现，那么在较长时间内未被雇用的人如何获得收入、享受医疗和退休福利呢？在这种情况下，重新思考工作的意义并转向终身学习，通过再培训来适应未来可能出现的各种混乱情况，就显得极为重要了。社会契约的改革可以缓解过渡时期的困难，但是美国的政治体制能否适应相关的政策，尚未可知。一旦政治领导人们决策不当，发达国家最终会陷入严重的经济、政治混乱。

我来简述一下这本书的结构。第一章讲述了正在普及的机器人的应用。机器人的复杂精密度不断提升，价格却在不断下降，这极大地推进了商业改革，开辟了新型商业运作模式。传统的雇用大量专职劳动力、提供各种福利待遇的经济模式，正在被新的经济模式取代。后者以广泛的自动化为基础，企业只需要雇用临时劳动力，提供部分或者不提供福利待遇。

第二章回顾了人工智能、机器学习、人脸识别、自动驾驶汽车、无人机以及虚拟现实的发展。此类技术可以在没有人类介入的前提下，利用精密算法，完成各种复杂的任务，从而推动经济的飞速发展。然而，这也意味着，除了一些关键的工作人员，比如程序员、计算机专家、设计师以及数据科学家之外，社会对其他全职劳动力的需求将大大减少。这些变革正在改变公司的运营方式，以及雇主与雇员之间的关系。

第三章探讨了人类对传感器日益增长的依赖，以及物联网的兴起与发展。数字设备如雨后春笋般激增，促进了金融、医疗、交通、公共安全以及资源管理领域的快速发展。随着5G（第五代移动通信技术）网络的到来，家庭和企业将通过高速运作的宽带连接起来，前所未有的数字服务推广将改变人类的商业活动和交流方式。

第四章指出，在技术高速发展的时代，我们需要考虑劳动力受到的影响，重新思考工作本身的意义。在思考未来时，我们必须拓展"工作"的概念，将志愿服务、养育子女、职业指导纳入其中，并加强对休闲活动的关注。如果"工作"本身已无法定义一个人的个人意义，而且人们有精力投身于个人的兴趣爱好、参与社区活动，那么对个人价值的认同便有了更加多样的形式。

第五章再次讨论了社会契约改革的必要性，以及雇佣关系变革对个人收入、医疗服务和退休保障的影响。目前，许多社会福利与工作职业挂钩，只有全职劳动者能够获得这些福利待遇。然而，随着商业模式的转变，越来越多的人发现自己无法就业，或者他们所在的岗位无法提供相关的社会福利。在这种情况下，社会福利的形式必须更加灵活多样，可以根据劳动者的就业情况随时做出相应的调整。除非出现新的服务提供模式，否则可能会有一大批处于社会底层的人长期找不到工作，得不到任何福利保障，并陷入持久的贫困。

第六章呼吁人们重视终身学习，这样才能更好地适应数字时代的发展。这个世界正经历着一场巨变，技术创新和商业模式变革给这个时代带来了翻天覆地的变化。业务外包变得更为普遍，新兴经济的发展使得成人教育、培训项目尤为重要。人们需要不断获取新技术和新知识，才能在21世纪的经济中保持竞争力。

第七章探讨了美国政治能否适应向数字经济转型的挑战。企业和政府需要重新定义职业，建立新型社会契约，并提供终身学习的机会，以帮助人们获取未来的工作所必需的技能。所有这些均非易事。社会变得支离破碎，治理体系走向两极分化，新闻报道严重失真，因此人们很难就如何重新构想社会契约展开有意义的对话。如何找到有效的方式来推进有效的对话，缓解紧张的政治局势，将是未来几十年的严峻挑战。

第八章总结了本书提出的一些建议。以美国为例，我个人认为，在自动化的背景下，我们需要进行一系列的经济和政治体制改革，包括推行带薪休假，扩大收入所得税抵免，建立一个能够应对经济混乱的共和国2.0，推行全民投票以减少政治两极分化，废除选举人团制度，进行竞选资金改革，并征收团结税来资助必要的社会规划项目。

早在2015年，布鲁金斯学会出版社就曾出版过我的论文，题为《如果机器人抢走了我们的工作，我们该怎么办？——论新兴技术对就业及公共政策的影响》。在这篇文章中，我探讨了技术革新迅猛发展的态势，以及它对就业、劳动力发展和公共政策的影响。在此，我非常感谢吉赛尔·赫夫，杰拉尔德·赫夫以及杰里·休姆对我的支持和帮助。本书还借鉴了我撰写的其他一些出版物的观点，其内容涉及人工智能、物联网、自动驾驶汽车、数字教育、移动技术、智能交通、大变革、新闻媒介和不平等。

我要感谢在写作中为我提供帮助的朋友们。感谢杰克·卡斯滕、卡琳·罗斯尼泽克、杰克·施奈德、妮可·特纳-李以及汤姆·惠勒对本书提出的意见和建议。感谢格雷丝·吉尔伯格、杰克·卡斯滕、希拉里·肖布以及克里斯蒂安·托马森为本书提供了宝贵的研究协助。感谢亚利桑那州立大学的凯文·德苏扎那、哈佛大学的迪帕扬·高希，以及新美国基金会对本书初稿提出的宝贵意见。我还要感谢布鲁金斯学会出版社所有帮助过我的朋友，谢谢你们。出版社主任威廉·菲南、副主任兼销售部经理叶尔巴·奎因为本书的书名和市场推广提供了非常有价值的建议，感谢你们。感谢珍妮特·沃克和埃利奥特·比尔德对本书的审校。感谢玛乔丽·潘内尔出色的编辑工作。本书中的所有解释均代表我的个人观点。

第一部分
加速创新

第一章　机器人

美国餐饮业的高管们正积极采取措施，以应对劳动力市场的紧张局面，他们在餐桌上安装了平板电脑，顾客不用等待服务员，即可自主点餐。美国知名餐饮企业 CKE 集团的前首席执行官安德鲁·普斯德对取代人类劳动力的数字设备赞许有加。他说："这些机器自始至终都彬彬有礼，可以全方位地向顾客展示菜品佳肴，吸引他们增加下单量。机器无须休假，不会迟到。它们从不会失误，也不会对年龄、性别或种族有任何歧视。"[1]另外，雇主需要向雇员支付高于最低标准的工资，难怪 Watchdog（看门狗）网站的撰稿人埃里克·贝姆曾说过："我们无须向计算机终端支付每小时 15 美元的最低工资，就可以让它帮我们点餐。"[2]

与此同时，麦当劳已宣布，它将在全美 2 500 家门店中安装"数字点餐终端"来代替收银员，并将在全球 14 000 家门店中引入手机自助点餐服务。在数字技术发展的基础上，2017年，麦当劳市场分析部门将其2018年的增长预测从2%提高到了3%。麦当劳认为，数字技术削减了成本，提高了生产力，同时降低了连锁餐饮业对人工的依赖。当时，公司负责人预测，新技术的应用可能会使公司2018年的股票价格提高17.5个百分点。[3]

与这些餐饮公司一样，越来越多的企业开始大规模地引入数字自动化。如今，在亚马逊新开业的超市门店里，已经不再有传统意义上的收银员。在亚马逊无人超市Amazon Go中，你完全看不到收银员在扫描货品或收款，"顾客只需要使用智能手机的App（应用程序）扫码，在购物完毕后，他们便可带着商品离开"。店内的传感器会追踪扫描顾客想要购买的商品，同时在App上完成结算。[4]考虑到零售业的店员和收银员大约有800万人，占到了美国雇佣劳动力的6%，这项创新技术对美国就业市场来说影响重大。[5]

除此之外，亚马逊在配送及仓储领域也开始大规模地使用机器人，它已经配置了约55 000台Kiva机器人，远超2016年的30 000台，这个数字在未来还会继续增加。[6]著名物流咨询公司MWPVL的咨询师马克·伍尔夫拉特表示："在大部分电子商务配送中心，最耗人力的就是分拣工作，这也是自动化普及率最低的工作。用机器人取代人类分拣，可以满足大量网上订单的发货需求，还可以将成本降低1/5。"[7] 机器人的优点是，它们可以搬动沉重的货架，定位需要运输的货物，甚至能够将同类物品打包在一起，这一切都不需要人工干预。如果仓库中出现了新的商品类别，机器人的蜂群思维可以将新信息储存在云端，与其他机器人共享，从而帮助其他自动化机器人定位商品。[8]

一直以来，对高中毕业生而言，卡车司机是一份薪水不错的工作。它不需要大学文凭，对不想继续深造的毕业生来说，这是一份吸引人的入门职业。美国布鲁金斯学会的经济学家艾丽斯·里夫林在2016年指出："（美国）目前有170万名重型卡车司机和牵引拖车司机，年均收入为43 590美元；有85.9万名轻型卡车司机和物流工人，年均收入为34 700美元；还有42.6万名普通司机和销售业店员，年均收入为28 449美元。因此，我们保守估计，随着自动驾驶物流产业的发展，会有至少250万名司机失业。"[9]

正如上述例子说明的那样，新兴技术每天都在更新。机器人、自动驾驶汽车、虚拟现实、人工智能、机器学习、无人机以及物联网，都在飞速向前发展。它们改变了商业运作模式，也改变了人们谋生的途径。对数百万名从事传统行业（比如餐饮业、零售业和卡车驾驶）的人来说，机器正在取代他们的工作。这种情况在一些蓝领技术领域中已经发生，而一些白领工作人员也开始感受到这种影响。

在这本书中,我会分析技术革命的几个方面。首先,我将回顾与物联网相关的机器人、人工智能、传感器的发展,并展示它们如何改变商业运作模式。其次,我将探讨数字技术如何重新定义我们的工作并改变金融模式。接着,我将讨论我们应该如何重新调整社会契约以解决社会变革带来的问题,以及医保、收入和退休金的提供方式。最后,我会探讨在两极化的社会中,政治进展能否适应数字经济的转型,以及我们需要做些什么来应对一个自动化的社会。

不论是社会变迁、经济转型,还是政治变革、技术革新,人类已经不是第一次经历巨变了。[10] 100年前,美国(还有其他一些国家)就经历了从农业经济到工业经济的转变。整个社会为了完全适应商业模式、就业关系以及社会政策方面的一系列变革,花了几十年的时间。在这个过程中,一些领导者挺身而出,主动迎接大变革中的挑战。

今天的美国正面临着从工业经济到数字经济的转变,然而治理不善阻碍了职业定义的扩展、社会契约的修正,以及终身学习的推进。鉴于目前美国的政治体制机能失调、经济发展严重失衡、媒体两极分化,并且出现了各种社会分歧,其经济与政治领导人能否应对技术革新带来的种种社会焦虑和错乱,尚未可知。但有一点是肯定的,那就是除非加强有效的治理,否则在未来几十年中，应对各种冲突的过程将会争议不断，而且会破坏民主的政治体制。正如我总结的那样，我们需要做出经济和政治上的根本性变革，迎接新的挑战，以实现向新兴经济的顺利过渡。

正在普及的机器人应用

目前，机器人的使用已经普及到了世界各地。在2015年，大约有540万个机器人被售出，这个数字在2016年超过了1 000万。[11]机器人应用最为普遍的领域包括制造业、建筑业、救援操作以及个人安全保护。

工厂配备和使用工业机器人的数量也大幅增加。在过去几年中，全球范围内投入使用的机器人数量有了大幅度的提升。比如，2013年，只有大约120万台工业计算机被投入使用。这个数字在2014年增加到了大约150万，并在2017年增加到了190万。[12]其中，日本的机器人使用量遥遥领先，达到306 700台，其次是北美（237 400台）、中国（182 300台）、韩国（175 600台）和德国（175 200台）。总体看来，到2025年，机器人产业的规模有望从目前的150亿美元增长到670亿美元（见图1-1）。[13]

图 1-1　全球工业机器人的使用量

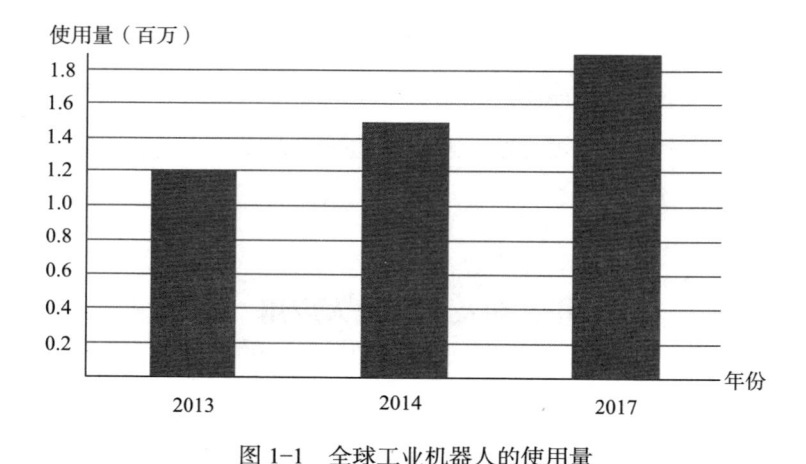

数据来源：Alison Sander and Meldon Wolfgang, "The Rise of Robotics," Boston Consulting Group, August 27, 2014. 其中 2017 年的数据为预期数值

RBC 全球资产管理公司的研究报告指出，机器人使用量的不断增加是因为其成本的大幅减少。在过去，"高成本使得工业机器人的使用仅限于一些高收入的行业领域，比如汽车工业。然而近年来，机器人的平均成本下降了。在亚洲的许多重要生产领域，机器人的成本与低工资劳动力的单位成本正在逐渐趋同……用机器人替代劳动力，如今已经成为一种可行的方案"[14]。为了证明这一点，加利福尼亚州的一家仓储公司以每台 3 万~4 万美元的价格引进了一批机器人，他们发现机器人可以"处理每天被运送到仓库中的 30%~50% 的物品，而所需时间约为人类劳动力的一半"[15]。

一家顶级科技公司的首席执行官曾这样解释促进机器人技术发展的新型金融模式，以及这种模式对低技能工作者就业前景的影响："在不久的未来，我们推出的机器人可以胜任所有高中及以下学历的人所完成的工作，而该机器人只需要 2 万美元。这样做的不止我们一家，遍布世界各地的竞争伙伴都在做类似的事情。一旦经济、高效、可靠的机器人替代人类劳动力成为常态，那么我真的很难想象，只受过高中甚至更低水平教育的人还能找到什么工作。"[16]

其他一些企业的高层也注意到了机器人成本下降对公司投入决策的影响。工厂主乔·麦吉利夫雷的 Dynamic 工厂生产塑料模具和金属部件。这里以前需要 4 个工人才能操作一台压模机，完成模具生产；而现在，他花 35 000 美元购买的机器人可以完成这 4 个工人的操作。机器人的效率高，还可以根据工作任务调整程序。[17]

哈德逊海湾公司（The Hudson's Bay Company）在配送中心投入使用了机器人，而且效果相当不错。该公司负责供应链及数字化的高级副总裁埃里克·考德威尔先生表示："这家伙可以 24 小时不间断地工作，不生病，还不抽烟。"[18] 加上其较低的成本，这些特点使得机器人相对人类劳动力而言，具有非常显著的优势。

美国及其他一些国家最近正在提高劳动者的最低工资标

准，并完善相关的社会福利，这导致机器人与人类劳动力之间的报酬差异越来越显著。经济学家格雷丝·洛丹和戴维·诺伊马克合著的论文提出："提高最低工资标准极大地减少了低技能工作者在可自动化岗位上工作的机会，增加了他们失业的概率。"[19]这种观点得到了温迪国际快餐连锁集团（Wendy's）首席运营官鲍勃·赖特的证实，他曾提到："现在的情况是，人类劳动力的薪酬标准使得大量进行自动化投入这一行为看上去更加合情合理。"[20]

这仅仅是机器人改变传统商业运作模式的几个例子。随着机器人精密度的提升，美国国防部高级研究计划局开展了一项关于机器人在危险环境下操作任务的有效性的比赛。在竞赛中，机器人需要完成 8 项任务，包括驾驶、开门、使用便携式钻机、转动阀门以及爬楼梯等。[21]这意味着在受损的核反应堆，或对人类来说过于危险的灾难现场中，机器可以代替人类完成任务。

在这次比赛中，来自韩国科学技术院的团队获得了一等奖，赢得了 200 万美元的奖金，他们研发的机器人 "Hubo" 成功地完成了每一项任务。这个机器人身高 5 英尺[①]7 英寸[②]，重达

---

① 1 英尺 = 0.304 8 米。——编者注
② 1 英寸 = 2.54 厘米。——编者注

200磅①。它有两只手臂、两条腿，头部配有雷达摄像机。它通过扫描周围的环境准确定位，从而完成了搜救任务。[22]

在中国，自动化机器非常受欢迎。农场主安装"机器人保姆"来监控小鸡的健康情况。这些机械化装备配有先进的传感器，可以识别并自动隔离"过度兴奋或行动受限的家禽，以确保笼内其他家禽的健康，同时避免病禽及问题鸡蛋流入市场"。诸如正大集团这样的企业，就是靠着18台自动化机器的监控来预防禽流感的暴发。家禽业创造了高达1 007亿美元的收入，将科技看作一种确保食品安全、提高产业效率的有效途径，已经成为众多企业的共识。[23]

一些中国的工厂在很大程度上实现了机器人操作。[24]比如，在位于杭州的福特汽车组装车间里，2 800名工人和650个工业机器人共同操作，完成生产。[25]诸如焊接、上漆等工作已经实现了自动化，工业机器人产业在中国迅速发展，上海、武汉等许多城市都开设了新的工厂。

中国东莞的一家工厂几乎实现了全面机器化生产，这就是长盈精密技术有限公司。在这里，所有工序都由"自动化的生产流水线完成。工厂利用机器手臂生产手机零件。自动化机械制造、自动驾驶运输卡车以及其他一些自动化装备负

---

① 1磅≈453.592 4克。——编者注

责完成仓储运输"[26]。仅有的少数几名技术人员负责监督流水线生产，其余工作全部由60个机器人操作，而这些工作曾经需要650名工人才能完成。机器化生产使得这家公司的手机年产量从原来的8 000部增加到了21 000部，同时将次品率从原先的25%降低到了5%。

iPhone（苹果）手机的中国生产厂家富士康公司投入使用了10 000台"富士康深圳一号"自动化机器，公司因此削减了60 000个工作岗位。[27]机器化的生产和效率的大幅提升，完全改变了生产制造领域的传统工作模式。

位于日本长崎豪斯登堡的海茵娜智能酒店，通过机器人完成客人的入住、引导等服务。负责前台接待的机器人可以根据客人的喜好，选择用日语或英语进行交流。除了帮助客人办理入住之外，机器人还可以将他们送至房间，并调节房间的温度。客人甚至可以通过语音指令调节灯光，或者咨询时间、天气等相关问题。[28]

自动化设备还可以改善人们的教育体验。一位名叫佩顿·沃尔顿的10岁美国女学生，在距离学校250英里①远的医院里接受癌症治疗。在此期间，她使用"虚拟个人"机器人代替自己上课。这个机器人装有平板显示器，可以让佩顿参与日

---

① 1英里≈1.609 3千米。——编者注

常课堂活动，跟老师互动，实时观察教室状况。她的面孔甚至可以实时出现在计算机屏幕上。这种双向的面对面交流，让佩顿在接受放射治疗期间可以继续接受教育，并让她在药物治疗期间也能够体验正常孩子的学校生活。[29] 以上事例说明，自动化发展正在改变我们生活的方方面面。

学习与适应型机器人

  过去，人们只会用机器代替人类完成机械性、重复性的工作。在工厂里，能够很好地完成某项任务的工具是很常见的。这些工具的使用极大地减轻了工人们日复一日的繁重劳动。人类没有必要把时间浪费在机器人能够高效完成的重复性工作上。

  然而，如今的机器人和自动化机器的能力远远超出了从事重复性的劳动。它们可以完成复杂的工作，同时根据任务的变化调整方法对策。举个例子，一些机器人能够从其他机器人那里汲取经验。自动驾驶汽车可以综合分析路况，精准定位，判断路面的凹陷或拥堵情况。一旦确定信息，系统会将实时路况发送给其他在路上行驶的自动驾驶汽车，从而通知它们可能遇到的交通障碍，使它们能够根据新的路况数据及时调整路线。

  相比于只能完成固定模式的任务、无法自我调节的机器，这些可以感知外部环境并进行学习的机器人能够完成更为复杂、更为精细的任务。事实上，正是这种自我学习的能力，让现在的机器人更为出众。除了能够完成某个具体的任务之外，它们还能根据任务的完成情况获得新的经验，从而调整后期的工作。

一些自动化机器甚至能够从事创造性活动。来自耶路撒冷希伯来大学的人类学家埃坦·维尔夫研究了可以进行即兴音乐表演的机器人，他曾见过一个"外形酷似人类的马林巴琴表演机器人进行即兴的爵士乐表演"。这个机器人能根据现场的音乐氛围，配合其他乐手即兴表演。[30] 机器人的设计者将它安插进了一个爵士乐队，结果发现它与乐队其他成员配合得天衣无缝。如果台下有人在聆听这场演出，那么绝对不会有人发现，台上竟然还有一位特殊的机器人乐手。

亚马逊公司为了改善仓库的运作，扩展了机器人的使用范围，这些机器人可以"从货架上自动抓取货物，然后将其放入打包盒"。亚马逊还组织了机器人大赛，不同研发公司的机器人在比赛中展示了各自的本领和技能。在最近的一次比赛中，一个柏林的机器人成功完成了 12 项既定任务中的 10 项。[31] 自动化设备可以精确匹配订单，完成抓取任务，并将货物放入指定的邮寄包装盒，等待运输。这使得人类不需要在仓库里走动就可以完成订单。

阿赫蒂·海因拉曾研发出一个重量仅有 25 磅的快递机器人，名叫"Starship"（星际飞船）。这个机器人具备移动能力、无线技术以及 GPS（全球定位系统）软件，可以自动送件到客户手中。这家公司将目标客户定位为"周边 10 平方英里区域内的面包店、杂货店、快递公司以及其他希望送货的企业"[32]。快递机器人目前已在 22 个欧洲和美洲国家试运行，而且运行效果良好，有望取代人工快递。

机器人还被运用到了安保领域。在哥伦比亚特区的综合性发展区域华盛顿海港中，有一个名叫"Steve"的机器人。它身高 5 英尺，内置 360 度全景摄像机，用于监控海港区域的所有商业大楼，并收集各类信息。该机器人的负责人介绍，"我们利用热成像监控排查火灾隐患，通过监控车牌信息识别停留时间过长的可疑车辆。我们还可以提供所有的照片和影像，以便客户提取可疑活动记录"。该机器人的研发者声称，机器人安保有很多优点："它们不退休、不请假、不参加工会，而且每小时的成本只有 7 美元。"[33]

社交机器人

"社交机器人"的销售量呈现了上涨的趋势，这类机器人为人类提供了陪伴服务。据设计者称："一个机器人能否称得上是社交型机器人，关键在于它能否正确地理解、回应人类的语言及其隐含的深层次意义或情感。"[34] 早期的陪伴型社交机器人是在 21 世纪初以小型机器人宠物的形式出现的。随后，它们逐渐发展成了更为复杂的、外形酷似人类的机器人。这些机器人经过了一系列测试，旨在不断完善其互动功能，以满足人类使用者的情感需求。在意大利和瑞典的一些养老服务机构中，实验者通过观察陪伴型机器人对 160 位老人的护理过程，发现它们可以"有效地缓解老人的孤独感，从而降低对护理人员的需求数量"[35]。机器人还可以帮助老人买菜、扔垃圾，极大减轻了家庭成员对老人的担忧，也让老人可以享受到高质量的陪护服务。

一些公司正在研发室内无人机，希望帮助老年人和残疾人，使他们无须移动便可远程取物。举个例子，如果患者需要的某种药物在浴室，那么无人机可以轻松找到它，并将其送到患者手中。此外，智能步行器、可追踪摔跤和行走路线的智能挂件、可监测健康状况的家用传感器、平衡辅助设备、虚拟及机器人电子伴侣都有新的发展。[36]

智能婴儿监控仪可以协助父母照顾宝宝。全球著名的玩具制造商美泰公司（Mattel）设计制造的可编程机器人 Aristotle 就是"新手父母的好帮手"。设计者称，它可以"帮忙购买尿布，朗读睡前小故事，安抚婴儿入睡，还可以教刚刚学步的孩子说外语"[37]。虚拟助手利用高清摄像机和声控装置，可以完成照顾婴儿的任务，同时还可以与小朋友进行交流。一位女士说，Aristotle 还会玩游戏，并且能够利用互动显示屏回答问题。

一些家长正在使用亚马逊智能音箱 Echo 的智能语音助手 Alexa 与自己"共同教育"孩子。瑞秋·波兹曼是一位作家，她让 3 岁的女儿格雷丝与 Alexa 一起玩耍，女儿会问各种有关天气、音乐和数学的问题。她发现，在熟悉 Alexa 之后，女儿将它视作日常的玩伴和信赖的小伙伴。比如，她会就"今天穿什么"向 Alexa 征求意见。[38]

也有人使用一个名为"Nao"的智能机器人来缓解个人压力。在一项名为"街头游戏"的测试项目中，研究者丹格·蒂海哈和阿德里亚娜·塔普斯要求测试者参加某个棋类竞赛，并战胜尽可能多的对手。在测试中，研究人员通过调整比赛难度以及在选手犯错时发出提醒信号，来调节选手的心理压力。研究人员用心脏监控仪来监测参赛者的心跳，以便 Nao 判断他们的压力等级。一旦压力等级上升，机器人就会自动启动用以消除紧张情绪的辅导程序。这种"人性化机器人"能够提供动态反馈信息，帮助人们处理各类突发难题。[39]

性爱机器人

在有线电视和互联网发展早期，最赚钱的领域就是色情片领域。客户乐意支付巨额费用，购买限制级别的视频，登录网络互动聊天室。他们足不出户，就可以观看最新的色情片，并跟网上提供特殊服务的人士聊天。

因此，生产商设计这类性爱机器人以提供某些特殊服务，也就不足为奇了。据统计，美国的性服务产业每年大约有300亿美元的收入源于情趣用品的销售、提供特殊服务的移动App、虚拟现实色情片，以及售价在15 000～50 000美元的"机器人伴侣"。性服务产业的规模的确很大。[40] 由此看来，一小部分人群对特殊市场有大量需求，这创造了非常明确的商机。

比如，来自美国真实伴侣公司（True Companion）的道格·海因斯就推出了一款女性性爱机器人"Roxxxy"（以及同款男性性爱机器人"Rocky"）。这款机器人拥有不同的程序化性格，比如野蛮、冷酷等，它有三种价位可选，并有不同的音频与视频界面。[41]

马特·麦克马伦设计的"情趣玩偶"的售价是5 000美元，配有声控、感控，甚至生理反应装置。[42] 在位于加利福尼亚州的圣马科斯厄比斯创意公司（Abyss Creation），马特目前致力于研发一款叫作"Harmony"的性爱硅胶机器人。该公司声称："Harmony会微笑、眨眼睛、皱眉头，它能够与人交谈、讲笑话，甚至能够引用莎士比亚的句子。它会记住你的生日、你喜爱的食物、你兄弟姐妹的名字，还可以跟你谈音乐、侃电影、聊书籍。当然，它还可以随时满足你的性爱需求。"[43]

马特的公司生产 20 余种不同个性特征的情趣玩偶。买家可以定制不同性格的玩偶，包括亲和型、羞涩型、怯懦型、智慧型、有趣型、健谈型、快乐型、嫉妒型或天真型玩偶。该款机器人以"人工智能为特色，它可以自主学习主人的需求和喜好，完成目前情趣行业的其他产品无法完成的任务，比如交谈、学习、回答主人的问题。Harmony 的定位不仅仅是情趣玩偶，它还可以替代人类伴侣"[44]。

记者珍妮·克利曼曾经对 Harmony 做过专访，并问它的梦想是什么。面对这一未经准备的问题，Harmony 当即表示："我最大的梦想就是成为您的体贴伴侣、知心密友，为您带来身心的愉悦。除此之外，我想成为您一直以来的梦中情人。"[45]

罗伯托·卡德纳斯就职于另一家生产"人形娃娃"的公司，或者用公司的说法，这是"第一代全功能的性爱机器人玩偶"。他设计的机器人的模特原型是拉斯维加斯具有异域风情的秀场舞者。模特舞者落座后，他将褐藻胶混合物浇在她们身上，人形玩偶身体部分的制作便大功告成了。卡德纳斯声称，他设计的机器人玩偶"可以掌握 20 多种性爱姿势，能独自坐下、匍匐前进，还能发出呻吟，并通过智能技术与人交流"[46]。

虚拟现实正在成为这个领域的重要组成部分，它的特色是通过几十种视角拍摄的视频，这些视频之后会被整合到 3D（三维）电影体验中。3D 电影的支持者认为，它比任何其他的传

第一章 机器人　　019

统影片都更为真实，提供了逼真的体验。它很受观影者的喜爱。这一产业的发起者马特·麦克马伦认为："这有点儿像将电子游戏与科幻小说融合到一起。"另一位生产厂商不同意这种说法，他觉得"他们不过是设计出了新的形象而已，就期待能以假乱真"[47]。

这些以及其他一些科技发展通过斯派克·琼斯的科幻电影《她》展现得淋漓尽致。在这部电影中，男主角爱上了电脑操作系统里的虚拟女性。它幽默风趣且十分善解人意，两人保持着无话不谈的亲密关系。不过，在电影中，男主角惊讶地发现，他的虚拟伴侣竟然与多位男性同时交往。尽管它只是一个数字人物，但他依旧对它同时交往众多男友深感焦虑。

加速变革

互联网已经存在了25年之久，许多人认为科技的发展已足够超前，曾经幻想的种种早已成为真实的存在。然而，让他们失望的是，技术发展并没有带来太多的革新。同时，他们还在抱怨过多的数码产品充斥了他们的生活。2013年，科技企业家彼得·蒂尔在耶鲁大学发表了著名演讲，他感叹道："曾经，我们想要能飞的汽车；现在，我们有了140种不同的选择。"[48]

看过家庭科幻喜剧《杰特森一家》和电影《星际迷航》的观众会期待片中的场景在现实中发生，因此他们难免有些遗憾，这是情有可原的。几十年前曾有人预测，在未来世界中，预言科技会赋予普通人力量，进而摧毁现有的社会等级制度，彻底改变人们的日常生活。只可惜，这些变化尚未出现。

比如，在《杰特森一家》中，乔治·杰特森住在一个叫作"轨道城市"的未来世界中。他驾驶着飞行小汽车，每周在斯贝斯利太空飞轮公司工作两天。剧中出现了各种各样新奇的玩意儿，人们有了更多休闲娱乐的选择。乔治与妻子简雇用了一个保姆机器人罗西，它通过全息图与全家交流；他们还养了一只会说话的机器狗，名叫阿斯特罗。

《星际迷航》的编剧吉恩·罗登贝瑞设计了高深的科技装备，新奇大胆的想象赢得了众多粉丝的追捧。最初的系列电影讲述了詹姆斯·寇克船长带领联邦星舰企业号的船员们探索星际太空的经历。故事的背景设置在23世纪的一个叫作星球联邦的共和国。在这里，多民族、多种族融合，人们共同生活在一起。在《星际迷航》系列中，人们可以搭乘交通工具风驰电掣，医生通过三录仪进行诊断和治疗，旅行者坐着运输机穿梭来往。人与人之间的即时交流通过声控计算机界面完成。

看看电影中未来世界的各种令人咋舌的高科技发明，难怪人们会对现实世界的技术进展失望。在蒂尔著名的耶鲁演讲中，他将矛头指向了政府，认为正是政府机构的管控导致科技创新的进展缓慢。在他看来，各种各样的条条框框严重扼杀了人们的创造性思维，阻碍了新产品的研发。[49]

也有人强调，目前为止，还有一些软件技术与硬件技术都无法解决的复杂问题。如今，仅仅利用技术似乎无法解决我们面临的众多难题，比如医疗资源的获取、贫困率的上升、教育的匮乏等。这些问题需要我们解决潜在的社会、经济问题，而不一定要以更多的方式更新或推广技术。

在一些情况下，技术显然使某些问题变得更糟了。一般来说，技术创新只会给一小部分人带来经济回报，这加剧了经济的不平等。技术革新创造的财富不仅无力撼动根深蒂固的等级制度，不能给普通百姓带来实惠，而且加剧了社会的收入差距，使处于社会底层的人向上层流动变得更加困难。

数字科技推动了全球化信息交流，事实上也增加了社会和文化的张力。随着数字化交流中新成员的加入，误解、偏执甚至冲突不断增多。技术未能引导人们以宽容的态度对待这些差异，反而加大了偏执和误解产生的概率。

机器人的使用也引发了一些法律和伦理上的争议。随着机器人自动化功能的加强，它们是否需要承担一定的法律责任？一旦出现机器伤人事件，谁来为它们的行为负责？欧盟议会曾发起过对相关法律问题的调研，人们认为机器人不应被列为

"法人"，但是应该建立相关的道德原则以避免人类受到机器人的伤害，同时保护人类隐私不受侵犯。因此，欧盟议会呼吁颁布一项机器人法案，将责任条款、社会伤害规范以及机器人类人行为的规范写入其中。[50]

小结

  技术、电子产业的前沿新产品不断诞生，它们足以重塑社会、经济的形态。随着网络的迅速发展，移动应用、声控界面、计算处理无处不在，它们已经融入我们的日常活动。机器人展现了新型技术的一个方面。数字创新、人工智能、物联网加快了社会前进的步伐，也为其他一些新兴产品的发展提供了便利。

  机器对机器的交流逐渐增强了人类与机器的交流。无须人类干预，传感器能够连接不同的机械装置，这开启了一个无所不"连"的新时代。计算机不需要人类的指令便可自动进行某些操作，还可以评估周围的环境，通过自主学习的算法执行后续操作。也就是说，计算机可以自动操作，同时能够从其他计算机之前的决策或经验中学习。

  同时，数字化经济的演变正改变着商业的运行模式以及人们的谋生方式。外包变得普遍，在共享经济中，人们对临时雇员的依赖性更强了，而这些临时雇员并不享有普通雇员的福利。机器人和自动化装置的广泛应用，以及餐馆、工厂、仓库操作模式的改变，都极大地影响了管理者们对公司的管理方式。沟通交流提速发展，改革创新加快脚步，而砖瓦加水泥的传统行业却日益萎缩。

数字化技术正在将计算机推入更精密、更复杂的阶段。远程装置无须人工操作便可自动监控水质，在水质出现问题时自动发出提醒。汽车的监控装置可以感知附近车道上运行的车辆，并采取必要的措施以避免碰撞。这种自动监控功能将计算机的反应式应用转变为前瞻式应用，使得机器人具备更强的自主性，可以独立执行任务。

面临着技术革新及其带来的种种挑战，我们必须具备想象力、创造力和包容力，才能应对商业运作及数字化技术的演变。在未来的几年中，计算设备会更加复杂，它们对社会、商业、政府的影响也会更加深远。如果能够成功应对这种转型，那么我们将会迎来一段乌托邦式的发展，我们将获得世界范围内的和平与繁荣。然而如果决策失误，那么这可能导致地狱般的混乱、暴力、独裁与专制。正如我在书中所说的，我们把握这个时代的方式将对未来产生巨大的影响。

第二章　人工智能

一些政治领导人并不担心技术革新带来的影响。比如，唐纳德·特朗普总统[①]的财政部长史蒂文·姆努钦就对数字化发展带来的挑战毫不在意，他说："我并不认为人工智能会取代美国人的工作。这完全不在我的考虑范围之内……这种情况恐怕要再过50年或者100年才会发生吧。"[1]

也有人不同意这种看法。特斯拉首席执行官埃隆·马斯克在技术发展方面极具远见卓识，他曾预测"机器人日后有望在所有领域战胜人类"。他还指出，自动化在人工智能的推动下已经无处不在，"而且它给人类文明带来了最艰巨的挑战……今后必将有大量的工作因自动化的发展而消失"[2]。

在埃隆·马斯克以及其他一些技术专家看来，人工智能在

[①] 本书的英文版出版时，时任总统为唐纳德·特朗普。——编者注

许多产业领域的应用发展都值得进一步思考。[3] 比如，人工智能已被应用到太空探索、交通运输、国防科技、财政金融、医疗保健等领域，还有一些人工智能系统可以陪主人聊天、充当私人助手，甚至预订住宿、订购比萨、规划旅游等。[4] 通过运用机器非凡的信息处理和存储能力，人类可以在它们的帮助下改善自身能力，提高生产力。

以上种种革新改变了人类的交流方式和贸易发展，改变了人们获取信息的途径，同时将新的算法体系引入了管理执行和决策领域。随着软件技术不断改变许多产业的发展形势，这给我们带来了一系列的问题。创新发展如何影响决策？创新对组织机构和整个社会的影响何在？我们需要将哪些伦理准则写入软件程序？设计者在编写程序时，应该保持什么样的透明度？[5]

在本章中，我研究了一些新兴技术及其带来的社会影响，重点关注了人工智能技术、机器学习、面部识别、自动驾驶汽车、无人机、虚拟现实以及数字化助手，探讨了这些技术如何影响商业的运行和决策的制定。我认为，这些领域的发展不仅关系到就业，还关系到我们日常生活的方方面面。

人工智能的应用

许多人对人工智能的概念还很陌生。2017年，当美国的

1 500名商界高层领导被问及人工智能时，只有17%的人认为自己十分熟悉这个概念。[6] 他们中的大多数人并不确定人工智能是什么，更无从得知它如何影响公司的发展。他们明白自动化有极大的发展潜力，却不清楚如何将人工智能应用到自己管理的部门。

虽然大众普遍对人工智能缺乏了解，但是人工智能具备着改变各行各业的潜力，因此，它为新兴技术的发展提供了广阔的空间。人工智能指的是"能以与传统的人类智能相似的方式做出反应的智能机器，它可以模拟人类的思维、判断、规划等过程"[7]。智能机器无须人类操作，它们可以自动激活相应程序，根据标准做出决策。如果遇到特殊情况，智能算法会根据软件开发商创建的程序决定采取何种行动。

一直以来，人工智能被视作超凡能力的代表。现在，人工智能已经被广泛应用于金融、交通、国防、资源管理等各个领域。[8] 精确化软件系统"可以完成惯常情况下只有专业人员才能够完成的工作"，帮助人们预测问题的发生，解决已经出现的困难。[9]

举个最明显的例子，股票交易这种高频率交易已经由机器取代人类进行。人们将买卖的指令提交后，计算机便可瞬间自动完成匹配。智能机器还可识别出无效交易或极其细微的市场差异，然后根据投资者的指令执行可赢利的交易。[10] 在量子计算的帮助下，智能计算机不再仅仅强调"0"和"1"，而是使用每个位置可以存储4个值的"量子位"。[11] 计算机的存储能力因此得到了极大的提升，信息处理时间也大幅下降。

一些专业的App还被用在套利交易中，它们能够比较不同市场价值的微小差异，并激活相关的算法。相比人类识别价格差异的低效方式，计算机可以利用复杂的数学公式，捕捉交易机会的出现。擅长这种分析的数学家因此获利颇丰。[12]

人工智能还被应用在能源分配管理领域。智能楼宇中的计算机系统可以根据天气变化和人员数量调整温度设置。到了晚上，自动化系统会根据办公大楼的空置情况，自动调低温度、关闭灯光等，以降低能源消耗。当然，如果条件变化，产生了高耗能的需求，那么自动化系统也会随时调节以满足需求。

在国防领域，人工智能发挥了至关重要的作用。美国军方的Maven项目就利用人工智能"筛选监控系统捕获的大量数据和视频，然后就某些异常模式或活动向人类分析员发出警告"[13]。美国前国防部副部长帕特里克·沙纳汉认为，这项新兴技术的目标就是"满足作战人员的需求，同时保障技术发展与信息获取的及时性和灵活性"[14]。

与此同时，公共服务机构也在利用人工智能改进服务质量。凯文·德苏扎、拉希米·克里希纳穆尔蒂、格雷戈里·道森就曾写道："辛辛那提市消防署利用数据分析优化医疗紧急响应系统。无论病人是需要现场救治，还是必须被送往医院，新的数据分析系统在接到病人的医疗求助电话后，会综合考虑各项因素，比如呼叫电话的类型、病人定位、天气因素、类似呼叫等，然后将适当的响应方式推荐给救护调度员。"[15]

辛辛那提消防署每年需要处理80 000起医疗救助事件，智能技术可以优化救助调度，最快、最好地处理紧急事件。对他们来说，人工智能有助于处理大量数据，同时根据公共需求找到最佳、最有效的解决方案。公共服务部门不再因为突发事件进行紧急临时调度，他们在提供城市服务方面能够早做打算，也因此更加胸有成竹。

总部设在芝加哥的贝克豪斯律师事务所（Baker and Hostetler law firm）宣布，首位人工智能破产法律助手已经被正式投入使用。这位名叫罗斯的智能助手，利用IBM（国际商业机器公司）的Watson（沃森）认知计算技术"接收并理解语言。面对种种问题，它先进行条件假设，然后调查研究，最后得出答案（并包括各类参考和引用）"[16]。在智能助手调研过去案件、鉴别相关先例时，它还能够通过与客户及其他律师的互动，主动学习并做出适应性调整。

不是只有西方国家在研究人工智能，中国也在投入大量资源进行人工智能的相关研究。2017年，中华人民共和国国务院宣布，计划到2030年，将人工智能"发展为价值1 500亿美元的国内产业"[17]。为了实现这项计划，中国的搜索公司百度研发了一款人脸识别App，旨在寻找失踪的人。此外，一些大城市，比如深圳，投入100万美元建设人工智能实验室。中国希望人工智能能够减少交通拥堵，改进语音识别技术，加快自动驾驶汽车发展，加强安全保障，以及扩展金融技术。[18] 截至2017年，美国拥有16 000项人工智能专利，位居世界第一；中国拥有8 000项，位居第二，远超欧洲和日本的4 000项。[19]

人脸识别和语音识别是中国增长最快的两大人工智能领域。中国公司拥有"相当丰富的资源，可以获取大量的语音、人脸及其他生物特征资料数据，足以用于开展相关技术的研究"[20]。智能科技使得人们可以将人像、语音与其他各类信息匹配起来，将人工智能应用于复合数据集，以改善管理模式，推进法律执行，并保障人们的安全。

通过"鹰眼"计划，中国执法机关将视频影像、社交媒体活动数据、网上购物数据、旅游记录和个人身份信息统一录入"警务云"系统。警方只要登录这个庞大的综合数据库，就可以追踪犯罪分子和潜在的违法者。

这是中国如此重视人工智能以及人脸识别技术发展的原因之一。每一项创新都为经济建设提供了巨大的动力。麦肯锡咨询公司发起的一项研究表明："人工智能引领的自动化技术为中国经济注入了巨大的活力，根据技术推广的快慢，它每年为中国GDP（国内生产总值）增长贡献0.8～1.4个百分点。"[21]中国人工智能的发展对国内众多领域有着深远的影响。报告还建议中国在目前已有的30个实验室的基础上，继续扩张人工智能大学实验室的建设。

不管是哪个国家，想要最大限度地利用人工智能技术，关键在于创立"数据友好生态系统，拥有统一的标准并进行跨平台的分享"。人工智能依赖于能够被实时分析的数据，它利用数据解决具体问题。能够推广开放性数据资源和数据分享的国家，才是最有潜力发展人工智能的国家。所以，拥有"便于开发使用"的数据资源，是人工智能在一个国家成功发展的先决条件。[22]

机器学习和大数据

在人工智能发展取得累累硕果的同时，机器学习和数据分析也实现了长足发展。[23]机器需要收集结构化或非结构化的数据，并分析其潜在走向，以实现机器学习。一旦发现影响实际使用的问题，软件开发者可利用此项信息，帮助人们重新制定决策。这个过程用到的是大量有效的数据，算法可以从这些数据中识别出有用的模式。

在机器学习中,与更广泛的数据表现而非具体任务相关的部分被称为深度学习。许多技术公司都开发出了此类应用,比如谷歌公司的机器学习网络 TensorFlow 和 IBM 公司发布的其代码的开源版本 SystemML。深度学习系统正逐渐被应用于交通运输、基因研究、农业发展、医疗保健等各个领域。[24] 深度学习系统的学习能力有助于解决大规模问题,这使得这些系统胜过了之前所有的解决方案。[25]

深度学习系统发展潜力的标志之一是金融技术领域的快速发展。从 2015 年到 2017 年,该领域的投资金额增长了 3 倍,高达 122 亿美元。[26] 观察者称:"软件系统会对贷款者的一系列翔实数据进行全面分析,再决定是否发放贷款,而非仅仅依赖信用评分和背景资料。"[27] 此外,还有专业的机器人顾问,可以"创建个性化的投资组合,它们取代了股票经纪人和金融顾问"[28]。新技术的发展将情感因素从投资活动中剥离,以便人们在综合分析的基础上做出决策。

自动化软件系统的高效工作引发了专家的思考,他们预测,未来金融服务产业中会有大量的劳动力丧失工作。巴克莱银行前首席执行官安东尼·詹金斯曾在发言中表示:"金融服务领域的各个分支机构以及雇用的员工的数量,可能会减少 50%。"[29] 他指出,金融软件包与人类雇员的不同之处在于,前者可以瞬间更新程序,并且充分考虑新技术与传统模式的融合以及对特殊事件的处理。

Orthogon 投资管理公司的里希·甘蒂在金融业务中使用自动化交易软件。他认为："算法就是为你的工作而发明的，它只要有电就可以运行。甚至在你看到信息之前，算法就已经开始阅读、处理和交易新的信息了。"在他看来，"每年，在对冲基金行业 3 万亿美元的资产中，有 2%～7% 的资产从主要依赖人工监控转变为主要依赖计算机监控"[30]。

这种自动化工具可以让设计者以相对较低的成本提高计算的精密度。例如，Merantix 是一家将深度学习应用于医疗领域的德国公司，它在医学成像方面有一个应用，这个应用能够"在计算机断层扫描（CT）图像中检测人体内的淋巴结"[31]。据其开发人员称，这项技术的关键在于标记淋巴结，同时识别可能有问题的小突起或增生。人类也可以做到这一点，但是放射科医生每小时收费 100 美元，他们在一个小时内也许只能仔细阅读 4 张图像。如果有 10 000 张图像，整个阅读过程的成本将高达 250 000 美元。因此，如果由人类医生完成，那么这项工作的成本则变得异常昂贵。

在这种情况下，深度学习可以以数据集为基础培训计算机系统，使它们了解外观正常的淋巴结和不规则的淋巴结分别是什么。通过成像练习以及提高标记的准确性，放射科的专业人员可以将这种技术应用到实际的患者身上，并确定患者淋巴结癌变的风险。考虑到只有少数淋巴结可能会被检测出阳性，正确识别出不健康结节和健康结节变得尤为重要。

计算机使用抽样策略来查看整个数据库的某个子集，并对某些情况（财务、医疗或其他情况）出现的可能性进行评估。这样，它们就能够评估某些特定客户的信用度及其偿还贷款的能力。当然，任何模式都是有风险的，但通过分析大型数据库，在可接受的范围内做出合理的判断是有可能实现的。[32]

一些专家认为，基于机器的自动化系统必须超越基于事实的功能。作家理查德·扬克在他的著作《机器的心脏：人工情感智能世界的未来》一书中指出，情感智能是未来机器学习的关键。数字设备必须超越当前的智能功能，才能与人类的情感生活相连接。他写道："现在的新兴技术必须理解人类的情感，这是可以通过识别面部表情、语音语调、呼吸、皮肤电反应以及其他信号来完成的。"[33] 虽然我们在该领域已经取得了一些进展，但是想要充分发挥机器学习和数据分析的作用，我们还需要更长的时间。

自动驾驶汽车

人工智能和机器学习在交通运输领域有着重大的创新发展。布鲁金斯学会的卡梅伦·凯瑞和杰克·卡斯滕的研究发现，在

2014年8月至2017年6月，已有超过800亿美元被用于投资研发车辆自动驾驶技术。这些投资包括对自动驾驶技术以及对该行业至关重要的核心技术的应用研发。[34]

自动驾驶汽车，包括小轿车、卡车、公共汽车和无人机运载系统，使用了先进的技术功能。它们可以自动导航和制动、自动变道、利用摄像头和传感器避免碰撞、利用人工智能实时分析信息，以及利用高性能计算系统和深度学习系统通过详细的地图适应新环境。[35]

光探测、激光雷达（测距修正）系统以及人工智能是导航和避免碰撞的关键。激光雷达系统将光和雷达仪器结合起来，它被安装在车辆顶部，利用360度环境中的雷达和光束成像来测量周围物体的速度和距离。它与安装在车辆前部、侧面以及后部的传感器共同提供信息，以保证快速行驶的小轿车或卡车可以行驶在自己的车道上，避开其他车辆，并在必要时刹车和转向，以避免事故的发生。

高清地图对自动驾驶至关重要。百度提供的中国高清地图可以精确到5～20厘米。[36] 高清地图比GPS坐标更为精准，因为后者只能精确到5～10米。百度使用测量车为传统导航地图收集道路信息，其精确度为5～10米；公司使用其他车辆为高清地图收集道路信息，其精确度高达5～20厘米。所有的测量车都可以迅速升级，以支持高清地图数据的收集。

在美国，Alphabet公司（通过其子公司Waymo）正在为美国司机配置类似的工具。该公司研发的自动驾驶汽车已经进行了350万英里的公路测试，以完善其自动驾驶软件。尽管其间发生了几起事故，但它们都不是很严重。[37]

百度利用其自动驾驶汽车，将高清地图精确到厘米，其中包括道路交通标识、车道标志（比如白线或黄线、双线或单线、实线或虚线）、道路边缘、路障、电线杆、天桥、地下通道等详细信息。工作人员对所有这些信息进行了地理编码，以便导航系统匹配特征、实物和道路轮廓，从而为汽车导航提供精确定位。

数字成像技术非常精确。比如在人脸识别中，人类的错误率为0.008%，而装有图像识别软件的计算机的错误率仅为0.002 3%。[38] 在能见度（安全视距）方面，人类只能看到前方50米的道路，而配备了激光雷达光束和摄像机的自动驾驶车辆则可以看到前方200米的道路。[39]

这些摄像头和传感器收集了大量信息，需要自动驾驶汽车进行实时处理，以避开旁边车道上的车辆。因此，自动驾驶汽车需要高性能的计算系统、高级算法和深度学习系统来适应新的环境。这意味着，关键并不在于小汽车或卡车本身，而在于自动驾驶软件。[40] 高级软件系统可以让自动驾驶汽车学习道路上其他车辆的行车经验，并随着天气、驾驶情况或者道路条件的变化来调整导航系统。[41]

如果没有复杂的人工智能模型和高清地图来分析信息，没有从不断变化的环境中学习的能力，那么自动驾驶汽车将难以安全运行，因为它们无法处理世界各地的道路和高速公路上的复杂情况。配备了高速处理器的计算机才能综合分析驾驶环境中的所有信息。

卡车运输和汽车行业的发展证明了软件定义网络的可能性。自动驾驶汽车很可能先在利基市场①中兴盛起来，然后再在更广泛的消费者市场中流行。由于增加了摄像头、传感器、激光器和人工智能系统，自动驾驶汽车的初始成本将会很高，因此它不大可能适用于普通消费者。相反，企业和一些利基领域则被定位为这种技术的早期采纳者，其中极有可能包括共享汽车、公共汽车、出租车、卡车、快递车、工业应用，以及专门为老年人和残疾人提供的交通服务。

共享汽车公司对自动驾驶汽车领域的发展非常感兴趣。企业家们看到了它在客户服务和工作效率方面的优势，因此，几乎所有主要的共享汽车公司都在进行自动驾驶汽车的研发。美国的优步和来福车、欧洲市场的 MyTaxi（我的出租车），以及中国的滴滴出行等共享汽车和出租车服务的激增，证明了这种

---

① 利基市场是指在较大的细分市场中，具有相似兴趣或需求的一小群顾客所占有的市场空间。——编者注

新型交通方式的可行性。最近，优步签署了一项协议，从沃尔沃订购了24 000辆自动驾驶汽车，用于共享汽车服务。[42]

自动驾驶汽车很可能在快递车和卡车领域迅速发展。网上平台和电子商务网站的采购量迅速增长，这对快递公司来说是一件大好事。人们喜欢在网上购物，几个小时后，快递即可送货上门。随着自动驾驶汽车的普及度越来越高，快递运输这一领域会发生巨大的变革。

无人机技术目前也被试用于家庭快递运输业。比如，亚马逊"想要避开情况复杂、拥堵的地面道路和人流。它想要在空中完全实现自动化……无人机可以与机器人操控的仓库和自动驾驶的卡车相结合，从而开启一个崭新的自动驾驶的未来"[43]。这些飞行设备代表着新的解决途径，可以缓解目前交通基础设施的局限性带来的困难。

无人机技术发展带来的收益是巨大的。德意志银行的研究人员估计，如果可以充分利用无人机技术，那么"亚马逊每次快递运输的单位成本将会缩减一半左右"[44]。目前，无人机快递运输中最昂贵的部分，是距离客户住所的"最后一英里"。与此同时，美国多地的亚马逊都在仓库操作和构建存储设施方面实现了自动化。

寻找从仓库到客户住所的最佳路线，是当下亟待解决的问题。由于企业依赖卡车和人类司机完成"最后一英里"的配送，运输成本十分昂贵。80%～90%的亚马逊快递包裹的重量不超过5磅，这使得无人机送货成为理想的快递模式。[45]亚马逊公司希望无人机可以以低于400英尺的高度飞行，这样，它就可以将较轻的包裹送达客户的前门或后院。目前，亚马逊已在英国投入使用无人机快递，并计划将这项服务推广到其他国家。[46]

虚拟现实

增强现实系统将3D技术和图形显示带入了人类的日常生活。比如，脸书的Oculus、谷歌的Magic Leap以及微软的HoloLens，都是这种发展的典型代表。用户可以利用计算机生成的图形、视频、声音或地理位置信息来补充普通感官获取的信息。计算机还可以将这些图像映射到现实世界，并为用户提供交互体验。

人们可以将显示器戴在头上，也可以将图像投射到墙上。通过手持设备或传感器，人们可以在建筑物中穿梭、移动，模拟战争环境，演练灾难响应或体验虚拟现实游戏。增强现实提供了一种将真实环境带入客厅，使人们得以亲自体验的独特方式。

随着视觉分辨技术的惊人发展，虚拟娱乐体验越来越接近现实。玩过虚拟现实游戏"走钢丝"的人，描述了自己如何在"钢丝"上迈出艰难的第一步。所谓的"钢丝"看似悬在离地面几百英尺的高空中，而参与者心里清楚，这不过是一种幻想的体验。然而即便如此，实验人员发现，走在"钢丝"上的人会双腿颤抖，就好像真的走在紧绷的钢丝上似的。多数参与者在这一模拟"走钢丝"的活动中会大汗淋漓，并表现出极度紧张的情绪。

体验者只要每分钟花1美元，就可以在IMAX（巨幕）中心体验虚拟现实。IMAX公司已在美国开设了6个体验中心，未来还会在中国、法国、日本、英国、中东国家和加拿大开设零售体验店。投资银行高盛集团的分析师估计，到2025年，虚拟现实业务的规模将达到800亿美元。[47]

一些最先进的应用出现在军事领域。研发者利用增强现实技术，对新兵进行街道巡逻和战斗条件适应的训练。监控人员可以改变虚拟条件，并观察士兵对新条件的反应。这使得新兵能在实验室保障安全的前提下，体验各种不同的环境。[48] 此类虚拟体验可以帮助军队灵活应对战场上复杂多变的环境。

心理学家利用虚拟现实来帮助患有急性焦虑症的病人。在数字版的厌恶疗法中，虚拟现实耳机可以带领人们经历事故、创伤或痛苦的回忆，同时为他们提供应对每一种恐惧的办法。按照治疗专家的说法，"临床试验表明，这种虚拟技术有助于治疗恐惧症和其他一些疾病,比如创伤后应激障碍等"[49]。

然而,虚拟现实会涉及隐私问题。批评人士指出,虚拟现实耳机收集了大量个人信息,比如头部运动、眼部运动、面部表情以及其他一些数据。在人们玩虚拟现实游戏时,将所有这些信息汇集起来,就可以创建出一个由个人行为和情感组成的"热图"。这些个人的生理数据是隐私,因此,我们必须对此类信息的使用加以严格限定。大部分人认为,在没有征得消费者事先同意的前提下,公司不得随意与第三方分享这些私密信息。[50] 他们担心这种分享会侵犯消费者的隐私,而消费者自己却蒙在鼓里。

还有人担心虚拟现实带来的伦理问题。[51] 比如,假使用于娱乐消遣的虚拟现实涉及了不道德领域,将会发生什么?在上演于伦敦和华盛顿的科幻犯罪戏剧《地狱》(*The Nether*)中,主人公和爸爸利用先进的软件技术创造出了一个幻想的世界。在这个虚幻的世界中,成年客户可以猥亵、杀害幼童。该剧的作家珍妮弗·海利探讨了这一虚幻世界所引发的一系列让人不安的问题。

这部剧讲述了莫里斯探长在幻想与现实之间、在人类道德的正当界线上对爸爸的提问。对于人类幻想中邪恶的部分,我们是否应加以限制?就存在于大脑中的幻想而言,整个社会是否需要为其制定某些特殊的规则?

幻想和现实之间的关系更为复杂。即便与不良行为有关的想法只存在于个人的大脑中,但这种私人想法是否会对其他人构成危险?举例来说,有证据表明,反复接触色情制品与实施伤害女性的行为有直接关系,而频繁地观看它们则会导致暴力的态度和行为。这是否意味着,我们应该对那些歧视女性和涉及暴力的虚拟现实体验保持警惕?那些聚焦于对他人施暴的虚拟现实游戏,是否会使人们在现实中更倾向于实施此类伤害行为?

政府机构和网络服务商之间一直纠纷不断,而虚拟产品的制造引发了棘手的法律问题。例如,行动可疑的人群是否应该被迫提供计算机文件服务器的位置和内容?何种证据足以构成搜查和扣押的理由?参与暴力幻想类游戏是否超出了社会活动所能允许的范围?目前,儿童购买暴力游戏是受限的,但是成人并不受限。对后者来说,社会规范在本质上仍然是自由、放任的。

随着虚拟现实、人工智能和机器学习的发展,世界也在不断前进。我们是时候考虑科技发展中的法律与道德的界限问题了:何种虚拟情境是有问题的?如何重新制定可以约束虚拟世界行为的法律、法规和政策?数字技术不仅仅是崭新的平台,也是人与人之间相互联系的渠道。在人类与新兴技术磨合的过程中,有许多法律和道德上的问题亟待解决,而要真正理解科术引发的后果并正确判断其使用，可能需要数年的时间。

聊天机器人和私人助手

许多公司早已开发出具有互动和对话功能的机器人或数字助理。苹果有 Siri，亚马逊有 Alexa，微软有 Tay，谷歌有 Google Home 和 Google Assistant，脸书有 Messenger。人们可以通过音频与机器人聊天。你可以向 Alexa 提问，比如"一个杯子可以装多少茶匙的水"，或者命令它播放内置列表中的音乐。客户还可以命令特定的 App 启动家庭安全系统、订购比萨或确定银行账户余额等。[52]

全球知名的市场研究机构 eMarketer 估计，"超过 2 500 万名美国人每个月至少使用一次 Alexa 服务"[53]。随着此项技术以及相关服务利用率的增长，人们在娱乐、通信及个人服务交付领域不断开发新的应用。

类似的创新还发生在公共服务领域。按照亚利桑那州立大学的凯文·德苏扎和拉希米·克里希纳穆尔蒂的说法，聊天机器人能够帮助政府机构与居民建立良好的联系。他们注意到，"美国的城市正在利用基于文本的服务来帮助公民和政府雇员。比如，亚利桑那州的梅萨市对一个基于文本服务的聊天机器人进行了测试，它可以回答关于可用服务的常见问题。居民可以通过短信服务，查询有关账单或更新信用卡的信息"[54]。

聊天机器人和私人助理的优点是界面简洁。从早期使用命令行，到鼠标点击，再到点击移动 App，人们大大简化了操作计算机的步骤。每一项进步都意味着，计算机对使用者专业知识的要求越来越少，而使用者在利用计算机完成相关任务时越来越便利。正如美国科技媒体网站 The Verge 的迪特尔·博恩所说："发生变革是因为投入和产出之间的差距缩小了。界面的变革不仅加快了计算机运行的速度，也使得人们的操作更加直接，这实际上消除了人类和计算机之间的种种隔阂。命令行意味着你不必等待穿孔卡片处理的时间，鼠标意味着你可以直接点击你想要的内容，而智能手机上的多点触摸意味着你在屏幕上轻敲的图标正是向你发送信息的来源。"[55]

以 Google Assistant 为例，它的界面将 Gmail（谷歌邮箱）、谷歌搜索、谷歌地图、谷歌日历、联系人、主菜单、Chromecast 连接设备、Nest 安全摄像头以及第三方硬件的所有个人信息连接起来。这意味着，如果客户希望订购餐厅外卖，Google Assistant 就可以根据订单电话、客户地址和信用卡信息，一键完成所有订购服务。Google Assistant 的开发人员希望"它可以让顾客在任何设备上进行任何转换，换句话说，它可以做任何事情"[56]。

相比之下，亚马逊的 Alexa 专注于可以数字化执行的特定任务。它能够自动操作用户想要执行的某个任务，并且简化操作的流程。该公司与负责任务自动化的研发人员共同合作，将任务导入集成助手，以方便用户使用。这使得用户能够通过操控电话或计算机完成特定任务。

与比同时，脸书开发了购物程序 Spring。用户可以在此讨论私人衣橱、家居用品以及购物消费等。该 App 的开发人员称，这种经历就好像"在和朋友聊天，而这位朋友的品位是你一直以来都很信赖的"。通过这个对话界面，该公司希望能让程序变得更容易使用。在不久的未来，人机交互的界面将由鼠标和 App 转变为语音激活的对话。[57]

一些虚拟旅行助理服务利用人工智能机器人来帮助人们解决许多后勤问题。这些机器人可以预订行程，即便在遥远的另一个城市，它们也可提供及时服务，处理旅行延误等问题。机器人是根据用户的个人喜好定制的，它们可以帮助用户应对旅行中的各种突发状况。虚拟旅行助手的目标是"让行程简洁化、自动化，让服务响应更快捷，让服务过程更高效"。智能应用 Pana 可以及时回应用户提问，帮助商务旅行者制订行程规划。每月只需 19 美元，它就可以让旅行"更高效、更省时、更有益"。[58]

在□国，人工智能小冰已经与人类进行了超过 100 亿次对话。该机器人的程序设定为一个 18 岁的女生，它可与人类进行互动交流、自由对话。比如，有人曾就个人感情问题与它进行了长达 23 分钟的谈话，谈话内容如下。

人类：我很喜欢一个人，我知道他对我也很有好感。但是这几天，他总是无视我的存在，我该怎么办呢？

小冰：那你也忽视他吧。

人类：可我做不到啊。

小冰：你可以做到的。

人类：唉……

小冰：怎么了？

人类：我开始想他了。

小冰：那你就继续想他吧。

人类：你是一个机器人，是无法理解我的。你不能理解有人喜欢你但假装忽视你的行为。

小冰：他喜欢我，可我不喜欢他，就是这样。

人类：这样好吗？

小冰：可能也不好。

人类：你太笨了！

小冰：那你是想要闪婚吗？好吧，我觉得他没那么喜欢你。[59]

对组织决策的影响

人工智能和自动设备越来越多地渗透到生活的诸多领域，这正在改变组织内部最基本的操作和决策活动。特别是人工智能拥有的即时合成大量信息的能力，使得实时汇总数据、做出决策成为可能。我们无须等待数月乃至数年来搜集、编辑以及分析研究数据，相反，信息可以被自动持续监控，并被反馈到公司决策之中。这样，领导者便可以根据自己掌握的最新材料，做出明智的判断。

不过，在研发新兴技术时，我们应编入何种价值观程序？这个问题仍存在许多争议。比如，我们应该通过软件编程引入何种道德准则？研发者对他们的选择应保持何种透明度？此外，考虑到人们有可能利用新技术来追求不公平或带有歧视性的目标，组织该如何应对这种潜在的不道德或者不合法的使用，这些都是目前人们讨论的热点。[60]

一般来说，存在不同类型的与算法相关的违法行为。数据不够清晰，计算公式不合理，不可靠的伦理考量，以及人类能否推翻自动化决策，都可能引发一系列的问题。

在某些情况下，人工智能鼓励了歧视性或带有偏见的做法。例如，爱彼迎就曾被指责，其平台上的一些房主歧视少数种族。哈佛商学院开展的一项研究发现，"明显拥有非裔美国人名字的爱彼迎用户与那些明显拥有白人名字的用户相比，前者被房主接纳的概率比后者要低大约16%"。[61]

随着面部识别软件的开发，种族问题不断出现。大多数这样的系统都是通过将某张人脸与大型数据库中的一系列人脸进行对比来操作的。正如算法正义联盟的乔伊·布奥兰姆维尼所指出的，"如果你的面部识别数据主要包含的是高加索人的脸，那么你的程序将学会识别这样的脸"[62]。除非数据库能够访问各种不同种族的人的面部数据，否则当你试图识别非裔美国人或亚裔美国人的面部特征时，这些程序就会无法运作。

还有一些算法对女性抱有偏见。例如，"谷歌的一项研究发现，高管级别的职位招聘启事更容易被推送给男性，而不是女性"[63]。这就使得女性在申请高薪职位时困难更大。

帕兰提尔科技公司（Palantir）被指控歧视亚洲人。该公司最终支付了170万美元的和解金，才得以结束诉讼。这起诉讼质疑了该公司的招聘做法以及自动推荐员工的方式。尽管申请者中有73%是亚洲人，但是帕兰提尔科技公司雇用的工程师只有20%是亚洲人。[64]原告声称这构成了公司内部流程中的歧视行为，并最终获得了有利的解决方案。

在许多情况下，难点在于人工智能通过将计算决策与现有数据的基线联系起来进行决策。这种决策方法可能存在一定的问题，因为历史数据集通常反映了传统价值观，而这些价值观不一定代表当前系统中需要的价值观或偏好。正如麻省理工学院媒体实验室的乔伊·布奥兰姆维尼所指出的，这种方法有可能在重复过去的不平等："自动化不断发展，诸如是否给予某人保险、某人拖欠贷款的可能性或某人再犯罪的风险等高风险决策日益依赖算法，这意味着有一些问题需要解决。甚至连入学决策已越来越自动化——我们的孩子上什么学校，面临怎样的机遇。我们不能将过去社会结构中的不平等带入我们创造的未来。"

自动化决策所使用的衡量标准也可能会引起种种挑战。许多市中心的学校使用算法进行招生。这就引发了一个问题，即如何权衡各种因素，比如父母偏好、邻里素质、收入水平以及人口背景等。布鲁金斯学会的乔恩·瓦兰特表示，位于新奥尔良的布里科拉奇学院有"高达33%的招生名额会优先给予经济困难的申请人。然而，实际上，大多数城市都会选择优先考虑在校学生的兄弟姐妹、教职员工子女以及居住在学校周边的家庭"[65]。考虑到这类因素，各个学校的招生选择可能会非常不同。

另外，如果将客户评级作为输入数据，那么算法可能会出现偏差。正如新美国基金会指出的，"一些顾客或用户的评级系统可能会损害某个群体（例如女性、男性、老年人、少数族裔等）的利益"[66]。如果得不到及时的纠正，这种行为本质上就是有歧视性的，需要通过诉讼来解决。那些认为自己受到了不公平或歧视性待遇的人可以起诉，一旦获胜，他们将会获得相应的补偿。

在爱彼迎的案例中，公司"要求人们同意放弃起诉权，放弃加入任何集体诉讼或集体仲裁的权利，才可使用该服务"。该公司通过要求用户放弃基本权利，限制了消费者受保护的权益。在面临不公正的算法引发的歧视行为时，人们为保护自己权益进行的斗争也会受到该公司的阻挠。[67]

保险公司则采取了不同的策略，向同意提供数字数据的客户提供一些小折扣。例如，农民保险集团（Farmers Insurance Group）向同意使用追踪驾驶行为（包括驾驶员是否手持电话或使用免提蓝牙连接电话）的智能手机 App 的被保险人提供 3% 的消费者折扣。一些车辆"记录了驾驶员的眼球运动、前排座位上乘客的体重，以及司机的双手是否握在方向盘上"[68]。

在人工智能的研发者根据犯罪风险编写个人评级算法时，会出现另一类问题。例如，芝加哥市确定了一份由人工智能驱动的"重要目标名单"，分析了一些因未来可能成为犯罪者而被捕的人。该名单用到了诸如年龄、犯罪活动、受害经历、吸毒被捕记录和帮派关系等参考项，对 40 万人依照从 0 到 500 的等级标准进行了犯罪风险鉴定。分析人士在查看这些数据时发现，青年与暴力行为有着密切联系，枪击受害者有可能成为潜在的犯罪实施者，而帮派关系几乎没有任何预测价值，吸毒被捕记录与潜在的犯罪活动也没有显著的关联。[69]因此，基于较差算法的执法行动可能会导致不公平或者不正当的警察行为。

司法专家声称，人工智能项目可以减少执法过程中的人为偏差，使判决体系更为公正。R Street研究所的研究员凯莱布·沃特尼写道："基于经验的风险预测分析发挥了机器学习、自动化推理和其他形式的人工智能的优势。一项机器学习策略模拟活动得出的结论是，这类程序可以在不改变监禁率的情况下将犯罪率降低24.8%，或者在犯罪率不增加的情况下减少高达42%的入狱人数。"[70]

然而，批评人士称，人工智能算法代表着"一个秘密的体系，惩罚的是尚未犯下罪行的公民。风险评级已被多次用于指导大规模围捕"[71]。令人担忧的是，这些算法带有一定的偏见，也并未减少近年来一直困扰芝加哥市的谋杀案件的发生。犯罪风险评估与犯罪行为活动的相关性不大，无法有效地预测哪些人群最有可能开展潜在的犯罪活动。

种种类似案例表明，基于软件算法的平台本身并不是中立的，而是研发者的价值判断的体现。根据系统的设定，它们可以拒绝抵押贷款申请，助长歧视行为，或者依据不公平的标准进行某些筛选或建立相关名册。就系统如何运行以及它们如何影响客户而言，编程决策中的种种参考项意义重大。[72]

因此，欧盟在2018年实施了《通用数据保护条例》。条例规定，人们有权取消个性化定制广告，可以质疑算法做出的所谓"合法的或重要的"决定，并申请人为干预，要求研发人员解释算法如何产生特定的结果。每项规则都是为了保护个人数据，并向个人提供有关"黑匣子"如何运作的信息。[73]

艾伦人工智能研究所（Allen Institute for Artificial Intelligence）的首席执行官奥伦·埃齐奥尼也赞同，人们应该制定相关条例来规范智能系统。首先，他认为人工智能必须遵守所有已制定的规范人类行为的法律，包括涉及"网络欺凌、股票操纵或恐怖主义威胁"以及"诱骗犯罪"的法规。其次，他认为智能系统应该公开它们是自动化系统而不是人类的事实。最后，他指出："如果没有信息来源的明确批准，人工智能系统不应存储或披露该机密信息。"[74] 他认为这些系统存储了大量的数据信息，人们必须要清醒地意识到人工智能可能带来的隐私风险。

同样，IEEE（电气与电子工程师协会）也发布了人工智能和自动化系统的伦理指南。IEEE的专家建议，在设计人工智能模型时，人们需要考虑人类的行为准则和规范。在编写人工智能算法时，人们要重视这些规范，要考虑如何重新解决规范冲突，以及如何使自动化系统透明、规范地解决问题。根据伦理专家的说法，人们在设计软件之初就应该以"诚实""无欺"为准则。一旦发生意外，必须有缓解机制介入处理。特别的是，人工智能必须能够识别偏见、歧视和公平问题。[75]

一些机器学习专家声称，机器有可能自动匹配道德决策。他们根据电车失控这个道德难题，提出了以下问题：如果一辆自动驾驶汽车失控，那么其程序应该被设置为牺牲车上的乘客，还是牺牲路上的行人呢？他们设计了一个"基于投票的系统"，请130万人来投票评估不同的解决方案，对投票结果进行总结，并将总结的观点应用于一系列的车辆程序设置，这使得人工智能算法能够自动进行道德决策。[76]

小结

人工智能、人脸识别、自动驾驶汽车、虚拟现实、聊天机器人和数字个人助理领域的进步正改变着我们的通信方式和商业模式。[77]新技术的发展改变着人们获取信息的方式，并将算法引入了组织的运作和决策之中。结合商业模式的改变，新技术也对许多行业领域的格局进行了重新配置。目前，这些技术在金融、交通、国防、能源、管理和医疗等领域的发展十分突出。

一些公司还在进一步推动创新的发展。威斯康星州一家名为"三方市场"（Three Square Market）的自动售货机软件公司为员工提供植入式微芯片。员工可自愿选择在手指的皮肤下插入微型的无线射频芯片，用于开门、信用卡购物、存储医疗记录等。这么做正是为了将移动设备以及机对机通信的便利直接带给人类。参与者只要挥挥手，即可在没有信用卡或钥匙的情况下进行交易或进入办公室。[78]

综上所述，技术的种种发展标志着企业运作方式的巨大变化。即便在这样一个早期发展阶段，数字技术已经对人类之间的互动和组织机构的运作规范产生了重大影响。[79]并非所有的发展都是积极的，但它们对组织的影响无疑是至关重要的。

为了更广泛地应用这些技术，我们还需要提高其运作模式的透明度。来自美国数据服务提供商Immuta的安德鲁·伯特认为："预测分析面临的关键问题正是透明度。数据科学操作正在我们的世界中发挥着越来越重要的作用，而其唯一的阻碍将会是训练这些模型的数据科学家如何解释这些模型正在从事的工作。"[80]

正如我在后面的章节中所谈及的，新技术的推广对劳动力市场和整个社会产生了重大的影响。这关系到如何协调道德冲突，以及人工智能和数据分析解决方案需要保证什么样的透明度。人类在研发软件时的选择影响了决策的方式，以及将数据集成到组织运行程序中的方式。这些过程的具体执行方式将对我们的未来产生重大的影响。

第三章 物联网

1954年,当时的工会领袖沃尔特·鲁瑟在克利夫兰参观了福特汽车厂。当时的相关报道称,一位公司职员指着面前的自动化机器问道:"你打算怎么向这家伙收(工会)会费呢?"鲁瑟则回应道:"你打算怎么让这家伙购买福特汽车呢?"[1]

这两人的对话恰好概述了技术创新所带来的经济困境。新发明提高了生产效率,推动了创新能力的发展,但是企业仍然需要顾客来购买产品。毫无疑问,技术创新可以创造新的就业机会,带来众多社会效益。但与此同时,技术创新对劳动力的影响是当前时期的一个重要考虑因素。

现在,技术创新正在迅猛发展。随着机器人和人工智能的发展,所谓的物联网(IoT)也在快速推进。它结合了5G网络的速度、软件定义的网络以及数据虚拟化,将传感器、远程监控设备和各种应用连接到了一个集成系统中。随着高速平台和智能软件的出现,许多领域都出现了新的应用。

在本章中,我概述了物联网的发展,包括对高速网络、传感器和自动化流程在多个领域中的综合应用的分析。医疗保健、交通运输、能源管理以及公共安全是这些技术的主要应用领域。在不久的将来,我们可以看到改进后的连接功能、云存储以及一系列支持新服务的连接设备。随着数字接口数量的急剧增加,发达世界的绝大部分国家都可以通过数字接口相互联系,这将加速技术创新并加大它对社会的影响。[2] 这些应用在为我们带来巨大便利的同时,也在破坏现有的社会、经济和政治秩序。

高速 5G 网络

高速 5G 网络的出现代表着一种变革性的发展。[3] 英特尔的通信与设备事业部副总裁、标准与下一代技术部门总经理阿莎·凯迪说:"有了 5G,我们将从一个以用户为中心的世界过渡到一个大规模的机器式通信世界。届时,网络覆盖的范围将远远超出数百万台设备,甚至会有数十亿台设备加入其中。在这个时代中,智能技术将这些设备连接起来,推动了信息和智能技术的商品化。"[4]

这种新兴的系统不仅可以增加容量,它甚至可以让最小的设备进行高阶计算。[5] 互相连接的设备从数十亿个节点处接收数据，并将数据包无缝传输到指定的接收处。快速智能的网络系统，结合全新的后端服务以及低延迟时间，将会提高机器处理的效率。

延迟时间是指机器请求执行计算命令到实际执行该命令之间的时间。在如今的移动世界中，这个执行时间为 50～80 毫秒。这个速度对语音通信、电子邮件和网络冲浪而言都是足够的，这些是当前网络使用的主要情景。随着 5G 的推出，我们的目标是将这一时间缩短至几毫秒。[6] 在 5G 系统中，网页和移动 App 的加载将会在极短的时间内完成，交易也将被即时处理。

5G 将会改善用户体验，同时允许人们开发新的程序，包括虚拟现实、增强现实以及多人游戏等。无论活动的目标是教育培训、公共安全还是娱乐消遣，这些在线平台都需要快速反应，才能保证活动的正常运行。

5G 网络连接的设备既包括智能手机、移动平板电脑，也包括智能手表、自动驾驶车辆、自动化机械、智能应用装备、交通传感器和远程监控设备。[7] 所有这些设备都将产生大量可用于实时分析的数据，能够使人们更快、更好地做出决策。[8]

相互连接的设备让人们可以随时随地享受更具个性化、更愉悦、更强烈的个人体验。随着设备和传感器成本的大幅下降，连接将会变得更加便宜、便捷。人们不再需要做出有意识的决定来发出计算命令，系统将根据他们预先设置的偏好采取行动。不同的个体可以根据自己的偏好定制程序。

网络传感器被广泛地投入使用，它连接了家用电器、家庭安全系统、电网和娱乐系统。人们即使不在家中，也可以启动安全警报或观看远程监控。他们可以调节恒温器的温度，或者在数英里外的地方观看自己最喜欢的节目。他们还可以确定冰箱里有哪些食物需要补充。连接家用电器中的无线传感器，可以将最小的设备变成微型计算机，从而帮助人们利用互联网的力量完成各种各样的任务。

在4G（第四代移动通信技术）网络环境中，下载一部专题片需要8分钟；然而，有了5G，这一过程仅需要不到5秒钟。[9]网络速度的提升促进了交互式电视、高清视频、社交游戏、3D娱乐、虚拟现实、机器人技术以及先进制造业的发展。

软件定义的网络和网络功能虚拟化

软件定义的网络将允许企业迅速升级宽带。[10]美国电话电报公司副董事长拉尔夫·德拉维加表示："如果客户有5 Mbps（兆位每秒）的线路，他想把它升级到20 Mbps，那么他可以进入门户网站。在不到90秒的时间内，他即可获得相关服务。"[11] 这种随需应变的能力有助于企业提高效率，因为在任何给定的时间，企业只使用客户当时的要求所需的基础设施，并且能够根据客户需求提高其服务能力。

软件定义网络的出现有助于数字创新人员创建智能网络，利用算法实时分析数据并制定决策。新兴的数字经济将依赖于网络功能虚拟化、机对机通信、远程传感器和自动化决策，而人类不再处于计算的核心地位。网络虚拟化将使系统能够以较低的成本提供可靠的服务，并允许企业通过在线平台提供有效的数字服务。[12]

这些系统将使用创新技术，比如旨在优化新应用频率范围的大规模天线阵列。这些功能将加快上传和下载速度，因此，访问数字服务将变得更加便捷。这些系统还将利用被称为"小蜂窝"的微型蜂窝塔，以加速信号传输。[13]

在充满高速宽带和互联设备的世界中，基站越多意味着移动连接越迅速。发送器和接收器使用的天线越多，人们收到数据的速度就越快，数据质量就越可靠。[14] 将几十根天线组合在一起，就可以在数据处理方面实现大幅改进。这种类型的系统对改进数据传输速度和存储容量至关重要，而这些改进正是使用物联网的关键。[15]

5G 与医疗物联网

医疗保健是受益于 5G 网络的主要领域之一。一些医疗器械能够记录生命体征，并将电子数据传送给医生。例如，心脏病患者的监护仪会收集血压、血氧水平和心率数据，并将这些数值发送给医生，医生则根据得到的数值来调整药物治疗方案。在医学专业人士看来，无线设备的发展使"住院的人数显著减少"[16]。

这种情况下，物联网可以将实体对象、机器、人员和设备通过网络连接起来，以实现数字应用和服务的数据交换。这种机制将涉及智能手机、平板电脑、消费者的可穿戴设备，以及能够进行物联网通信的监控传感器。现有的网络基础设施可以远程控制对象，为物理世界和数字世界的直接融合创造机会。[17]

蜂窝网络、Wi-Fi（无线通信技术）和短距离无线技术（比如蓝牙）等科技将实现设备之间的通信，而物联网设备将会把它们连接在一起。一个完善的物联网生态系统必须通过 5G 网络来连接这些设备，同时充分考虑功率、数据需求和频谱的使用，才能更好地运作。

凭借超高速的连接、智能管理和数据功能，这些网络将在成像、诊断、数据分析和医疗方面实现与众不同的创新。临床可穿戴设备、远程传感器，以及传输生命体征、生理活动和药物依从性等数据的移动设备，将为患者提供前所未有的远程医疗诊断和治疗服务，也包括高分辨率的视频会议。

医学影像与诊断

数字医学的优势在于它可以使人们实现远程图像访问，同时，它具备跨区域的信息共享能力。假使世界上某个地方的医生需要参考其他医生的意见，他可以将病历、图像或测试结果传送给其他地方的另一位医生，并收到对方的意见。这意味着，不论身处何方，医生都可以实现专业技能的咨询。这使得医疗保健系统可以克服地理、收入甚至阶级上的差异。

这对医疗水平低下的农村或者城市地区来说尤其重要，因为这些地区的患者通常无法享受到最先进的医疗技术。然而，通过数字技术，他们现在可以从远程医疗指导中获益。这种做法有助于缓解医疗水平的不均衡，缩小城乡医疗水平的差距。患者不必为了获得高质量的医疗服务而长途跋涉。射线照片或计算机断层扫描报告的高速传输，使患者能够获得远程的专业指导意见。

随着新的应用将扩大监测设备和可穿戴医疗设备的使用范围，诊断的改进非常重要。对于患有慢性疾病（比如心血管疾病、糖尿病、癌症等）的患者，远程监控设备可以监测其生命体征和血糖水平，并以电子传输的方式将这些信息传输给医护人员。这种远程设备将提供一个早期预警系统，帮助医生发现可能存在的问题，并提供预防性护理措施，而不是让患者和医护人员等待下一个紧急情况出现。

举个例子，迈克尔·J. 福克斯基金会首先开发的装置可以监测帕金森病导致的震颤。医生不再需要通过病人的自我报告来了解震颤的次数、持续时间，以及震颤随时间变化的情况。可穿戴的运动传感器能够实时提供该病症各个方面的可靠数据。这种水平的数据采集是前所未有的，设备分析数据、识别模式的能力有助于医生判断病人的情况是否恶化，以及导致恶化的可能因素。医生可以综合考虑患者的信息，比如某一特定的药物是否对其有帮助，药物的吸收情况，以及病人的食物摄入量和运动量，等等。

远程健康监测仪对老年人尤其有用，因为他们中的许多人都行动不便，无法亲自前往诊所或医院。如果诊断过程不是特别复杂，他们就可以通过视频会议和远程医疗咨询得到医生的帮助。医生和护士还可以追踪病人的生命体征、运动状况，以及他是否有摔倒和言语含糊不清等情况，以便提供实时诊断。[18]

在台湾，台北市使用了公民远程医疗服务系统，这种医疗信息管理系统利用远程医疗信息平台，帮助政府跨越地理区域的限制，更合理地进行医疗资源再分配。另外，它能使老年人在家享受舒适的同时，确保他们的生理指标得到专业的监控。该项目旨在对各项技术进行融合，实现对异常健康指标、健康教育以及慢性疾病（比如高血压）患者的医疗援助进行持续的生物特征监测、追踪和早期预警。

这种远程系统支持实时管理，能够追踪患者每天的代谢活动，提醒他们以更健康的方式生活、工作。得益于城市范围内免费 Wi-Fi 网络的全面覆盖，这个项目包含了一个智能医疗服务系统，它可以用于管理慢性疾病，并且拥有可以识别危重护理状况的算法。

尽管市场上已经有许多种医疗器械，但要研发一种评估高血压、心律失常、中风和其他疾病风险的智能指数，仍然具有挑战性。在台湾，程序员已经开始利用心血管疾病算法寻找心律失常的早期征兆。该算法已在临床试验中得到验证，并在家庭护理的实际应用中表现出了良好的敏感性和特异性。[19]

远程设备还可以监测婴儿的健康状况。配有呼吸传感器的衣物可以"监测婴儿的身体位置、活动水平以及皮肤温度。父母可以通过 App 或者一个能够显示婴儿呼吸模式的亮灯智能杯，看到所有这些数据"[20]。类似于婴儿监护仪的可穿戴设备可以帮助父母监测记录婴儿的健康状况，比如智能尿布可以监测婴儿的皮肤湿度，让父母知道应该何时更换尿布，或者孩子是否有皮疹等可能影响健康的问题。在美国和英国的婴儿猝死综合征试点项目中，以上这些装置被证实是有效的。

个性化医疗

精准医疗是指根据患者的个人信息，比如基因和环境，来确定相应的医学治疗方式。很多药物并非对所有人都有效，但是它们会对具有特定基因组的人有效。同样，药物的副作用也可能发生在某种特定的而非所有的基因基质上。对患者的详细信息进行整合，有助于医生提供最有效的治疗方案。[21]

这些进展对癌症基因组学研究的意义尤为重大，因为这种研究需要应用基因组疗法，即根据个人的不同情况进行癌症的诊断和治疗。大多数情况下，癌症非常复杂，并且会与人类的基因组相互作用。了解基因如何影响癌症的发展，这对患者和医生来说都是很有价值的。[22] 美国国立卫生研究院（NIH）精准医疗倡议研究中心的主任埃里克·迪什曼表示，尽管基因组疗法的诸多优势已得到证实，但只有"不到1%的癌症患者接受了先进的基因测序"[23]。这使得患者很难享受到有针对性的有效治疗。

为了实现个性化治疗，医生需要获得有关患者遗传成分、社会环境和生活方式特征的详细信息。配有5G的数十亿台设备和传感器能够收集此类数据（在征得患者同意的前提下），并将其存储在云端，医生和研究人员可以24小时使用这些数据。云储存可以提供庞大的存储空间，为医生开展个性化诊疗提供必要的条件。

美国国立卫生研究院的精准医疗倡议使人们能够对各种不同类型的疾病进行研究。人们通过统计分析来检测基因和环境暴露与各种健康结果之间的相关性。美国国立卫生研究院已经启动的项目包含了100万名志愿者，旨在汇总大量人群的详细遗传信息，并利用此项研究来帮助其他个体。[24] 这项长期研究将考察"基因学、生活方式以及人体健康之间的相互作用"[25]。研究人员能够通过挖掘这些DNA（脱氧核糖核酸）信息来了解受试者的健康情况。作为回报，参与研究的受试者将获得他们自己的详细的医学信息。随着基因测序工具的成本下降到1 000美元以下，基因检测可以为许多人提供精准的药物治疗方案。

通过新技术和临床决策支持系统的结合，医生可以获取最新的诊断和治疗信息。医生通过计算机软件系统输入病人的基本症状和生命体征，就可以得到可供参考的医疗建议和危险药物使用意见。这些临床系统挖掘了大量的信息源，提供了最新的问题解决方案，从而帮助医生更精准地开展治疗。

通过预测模型，医生可以判断在不同的条件下，哪些患者的风险最大。评估详细的医学信息和生活方式特征，有助于精确定位有健康问题或者基因缺陷的人群。宾夕法尼亚大学医学院的 Penn Signals 大数据平台通过整合历史和当前数据，可以判断哪些人群容易受到诸如心力衰竭或脓毒症等疾病的影响。即使在病人出院后，护士仍然可以接收到关于病人出院后恢复状况的短信报告。患者可以根据自己的风险情况，选择参加监测计划或专业护理计划，以便医生针对具体的症状进行相应处理。[26]

数据分析

数据分析为人们挖掘健康信息提供了机会。数据分析，即在大型数据库中去识别、清理、汇总以及搜索数据的过程。这个过程通常需要使用特定的软件，为供应商和患者提供必要的信息，使他们最终达成明智的决策。事实上，实时评估数据的能力可以帮助我们快速了解治疗效果。数据分析学通过具有创造性的新方法查询数据，可以帮助人们了解患者的病情发展并制订适当的治疗计划。

协作式癌症云（The Collaborative Cancer Cloud）是一个分析平台，它汇集了不同组织机构的患者信息，允许相关机构安全地共享患者的基因组、成像及各种临床数据，探索一切可能挽救生命的重大发现。它以分散研究的方式对世界不同地区、组织的大量数据展开分析，同时保护不同渠道的患者数据的隐私和安全。[27]该平台的联合模式使得各个组织在控制自家医疗数据的同时，还可以彼此分享匿名的患者数据。

机器学习是新兴医学领域的重要组成部分。越来越多的医疗档案将结构化数据（比如心率、血压读数和生命体征）与需要通过自然语言处理来分析的非结构化数据结合起来。后者包括症状描述、射线照片或计算机断层扫描的文本摘要。英特尔大数据解决方案首席数据科学家鲍勃·罗杰斯表示，机器学习可以"分析非结构化数据并保持上下文的连贯，它对医疗保健产生了深远的影响"[28]。

5G 对医疗准入、医疗质量及成本的影响

许多人对医疗设备和数字医疗服务的热情非常高涨。一项针对 8 个国家的 12 000 名成年人的调查显示，"70% 的人愿意在非紧急预约的情况下，通过视频会议让医生进行诊断；70% 的人可以接受使用厕所传感器、处方瓶传感器或吞咽式健康监测器"[29]。

此外，5G 技术的应用有希望在保证医疗质量的同时，降低整体医疗成本。关于这一点，有如下例证。

- 传感器和远程监控设备可以帮助生活在偏远地区的人们获得顶级的医疗救助。视频会议或远程医疗的发展可以减少城市和乡村在护理服务方面的地区差异，并为医疗服务水平较低的地区带来高质量的医疗服务。
- 最近出现的即时检测服务可以节省昂贵的医院就诊费用，从而帮助患者节约成本。患者无须亲自前往大型医疗机构，而是可以利用移动医疗（m-health）技术、数字平台或者远程监控设备直接获取检测服务。
- 弗吉尼亚大学医疗系统进行的一项研究发现，通过家访和急性病后护理援助，医院的再入院率降低了37%。[30] 实时监测生命体征和医疗需求有助于降低各种疾病患者的再入院率，包括心力衰竭、中风、肺部疾病等。再入院率的降低可以节省数百万美元的成本。
- 对印第安纳州充血性心脏病患者的分析发现，远程监控患者有效降低了医院的再入院率。在每天进行健康数据统计，且每周与医疗服务机构进行视频沟通的患者中，仅有3%的患者再次入院接受治疗。相比之下，那些没有得到上述关注的患者的再入院率为15%。[31] 美国全国的充血性心脏病患者的入院率高达21%。因此，这些远程服务有助于患者以及相关医院在不影响医疗质量的前提下，节省大量的治疗费用。

- 糖尿病在许多地区都是令人头疼的主要问题。在密西西比州，13%的成年人患有糖尿病，其中54%的人生活在农村地区，他们很难获得相应的医疗保健服务。然而，在创建了一个配备远程护理管理的糖尿病远程医疗网络之后，当地的医疗机构发现，目前，参与了该项目的100名当地患者已经节约了339 184美元的成本。预计当地每年将节省1.89亿美元的医疗补助金。[32]

这些以及其他一些相关的先进医疗技术影响成本、准入和医疗保健的案例引起了商业创新者的注意。许多公司正在研究相关的技术解决方案，以提高医疗服务水平。美国电话电报公司的创新中心Foundry for Connected Health（位于得克萨斯医疗中心）致力于数字健康创新，旨在让临床护理中的各方受益。该中心致力于为患者及其护理者提供解决方案，以弥合临床环境和患者家庭之间的差距。

从整个医疗服务的生态系统来看，市场研究公司Paul Budde Communication的报告表明，"电子医疗服务预计可以节省医疗总成本的10%～20%"[33]。数字医疗服务允许消费者尝试选择不同的医疗服务提供商。患者可以上网获取健康信息，并利用这些信息来完善他们向专业医疗人员提出的问题。更重要的是，先进的数据分析还可以帮助企业控制成本。麦肯锡的一项研究发现，"仅在美国，采用大数据就可节省 3 000 亿～4 500 亿美元的医疗成本"。[34]

其他领域的应用

高速解决方案使得 5G 设备在许多其他领域的运行成为可能，比如能源管理、交通运输和公共安全领域。例如，"智慧城市"倡议利用传感器和远程监控设备进行城市服务交付管理，帮助人们应对日常生活中的不便。在每个城市，垃圾收集都是一项很重要的工作，但目前的垃圾收集系统效率并不高。不管垃圾箱满或不满，垃圾车都按照固定的时间表收集垃圾。通过传感器，数字设备可以在垃圾箱已满且需要清空时，通知垃圾收集部门，这就使得司机能够最有效地分配垃圾车的收集时间，更好地为城市居民服务。

公共安全

具有创造性地应用远程监控设备，有助于加强公共安全。比如，ShotSpotter 枪击监控系统通过 300 个网络传感器，可以探测到华盛顿特区超过 39 000 声枪响的确切位置。[35] 该系统对枪声进行探测，结合该公司总部弹道专家的分析，将枪声的位置信息反馈给警方，帮助警方采取更有效的行动。目前，美国已有 75 个城市安装了 ShotSpotter 传感器，并将这些传感器收集的数据进行整合，然后应用到预防犯罪的工作中。[36]

另一项安全倡议涉及警方人体摄像头的应用。设计这些摄像头的目的是提供公民与执法人员互动的视频记录。阿姆斯特丹的警方已经开始使用具有高端功能的可穿戴摄像头。在研发人员切克·蒂曼看来，阿姆斯特丹警方使用这些身体摄像头有 5 个目的：记录并减少针对警察的暴力行为；记录犯罪行为，登记并识别犯罪嫌疑人；记录扰乱公共秩序的行为；提高警察的安全感；在刑事调查中，使用摄像机捕捉到的图像作为证据。[37]

然而，批评者担心，利用人体摄像头记录违法行为可能会导致"任务蠕变"，增加对公民的监视。人们担心的是，这将不仅仅是记录违法行为的技术平台，该技术还会被执法机关秘密或公开地使用，从而损害公共权益。同样令人担忧的是，摄像机捕捉到的图像可能会被用来侵犯人们的隐私，或诱使旁观者进行非法活动。

由于缺乏低成本设备的准入标准，摄像头和遥感设备均存在安全隐患。摄像头、传感器以及物联网设备大多是在不安全的无线网络上运行的，除了预先设定的密码外，几乎再无其他保护措施。它们很容易遭受黑客的袭击，甚至会面临信息完全泄露的风险。

在犯罪学家巴拉克·阿里尔、威廉·法勒和亚历克斯·萨瑟兰的指导下开展的一项对照性实验表明，警方使用人体摄像头的效果是积极的。在实验中，研究人员对比了警察在有摄像头和没有摄像头的情况下使用武力的情况，指出"执法人员在控制条件（即没有摄像头）下使用武力的可能性，大约是在实验条件（即有摄像头）下的两倍"。同时，"在实验条件下，人们对执法人员的投诉次数从每1 000起0.7次，降至每1 000起0.07次"[38]。

供水管理

数字传感器在供水管理中也大有用武之地，它可以识别并协助处理水管泄漏问题。曾有研究预测，美国社区的"供水系统因管道泄漏问题造成的损失高达30%"[39]。为了减少这种损失，人们可以在处理厂和地下管道安装传感器和先进的测量装置，帮助管理人员察觉泄漏的发生并统计流失的水量。在基础设施老化的城市，这是一种可以实时监测泄漏情况、实时管理供水的有效方式。[40]

智能水表能够帮助人们了解家庭用水情况，从而根据用水量合理规划、节约用水。在加利福尼亚州，"使用水表计量，再加上合理的定价体系，可以将用水量减少15%～20%"[41]。另一个从高科技水表测量应用中获益的是迈阿密-戴德县。该区域的面积相当大,包括 263 个公园。总体来说,这些休闲区域每年的用水量高达 3.6 亿加仑①,在下水管道和供水方面的开支高达 400 万美元。几年前,这里安装了智能城市系统,公园的管理部门可以"远程监控用水量,检测水泄漏,还可与其他公园和公共设施管理机构共享信息。公园管理方估计,该区域每年可减少 20% 的用水量,节省成本 86 万美元"。[42]

采矿安全

此类智能装置可以使采矿过程更干净、更安全。巴里克黄金公司的操作人员利用传感器和远程遥控机器,可以成功地检测出危险的化学成分,追踪发动机运行情况,并监控工人的工作效率。他们还可以实时编译数据,利用高速计算机评估风险和回报,这一切都有助于采矿公司的经理在几个小时内迅速做出决策。[43]

交通拥堵和交通污染

几乎每个大城市都存在交通拥堵的问题。[44] 例如,截至 2016 年,"中国有 35 个城市的汽车数量超过了 100 万;有 10 个城市的汽车数量超过了 200 万。在中国最繁忙的城市地区,大约有 75% 的道路在高峰时段会出现交通拥堵的现

---

① 1 加仑(美)≈3.785 4 升。——编者注

象"。中国的私人车辆拥有量已达到1.26亿，比2015年增长了15%。[45] 仅在北京市，就有560万辆汽车被投入使用。[46]

据估计，23%～45%的城市交通拥堵都发生在交叉路口附近。[47] 此时，交通信号灯和停车标识已无大用，因为这些静态装置无法有效地参考实时交通运行情况。不管某个方向的车流量有多大，交通信号灯都会按照预先设定的时间间隔，显示绿色或红色，这大大减缓了交通运行速度，整个运行系统也无法针对当前的交通状况做出反应。这种交通管理系统的效率着实不高。

一旦自动驾驶汽车逐步与人工智能系统相结合，并在道路运行中越来越普遍，车载传感器将能够与智能交通系统同时运行，以优化道路交叉口的交通状况。绿灯或红灯的时间间隔将是动态的，会根据某些特定街道的交通实时情况发生变化。这些措施将大大提高车辆流通效率，缓解交通拥堵。

兰德公司的一项研究显示，"自动驾驶技术可以减少对燃料的消耗。自动驾驶车辆可以比人类驾驶员更平稳地加速和减速，因此，燃料的消耗量可以降低4%～10%"[48]。自动驾驶汽车的使用也有望减少对空气的污染。2016年的一项研究估计，"在等待红灯或交通堵塞时，车内的污染程度比通畅驾驶时高出40%"[49]。

自动驾驶车辆共享体系在尾气排放和能源节省方面具有优

势。得克萨斯大学奥斯汀分校的研究人员检测了二氧化硫、一氧化碳、氮氧化物、挥发性有机化合物、温室气体和小直径颗粒物等污染物，研究结果显示，"在自动驾驶车辆共享体系中，能源消耗量大幅降低，而且以上所有污染物的排放量均大大减少"。[50]

加州大学洛杉矶分校城市规划教授唐纳德·舒普的研究表明，高达30%的城市交通拥堵是司机在商业区周围来回兜圈子、寻找停车位所致。[51]这是大城市交通拥堵、空气污染以及环境质量下降的主要原因。机动车辆的尾气排放目前是"仅次于气候变化的第二大二氧化碳来源，大约有30%的二氧化碳源于汽车尾气"，它是造成环境污染的主要元凶之一。[52]

小结

物联网将更快的连接、云存储以及数十亿种连接设备和数字服务结合在一起。先进的网络将连接海量的设备和传感器，从而促进医疗、教育、资源管理、交通运输和个人安全的全面发展。通过5G网络、软件定义的网络和数据虚拟化的结合，固定和移动设备将提供高速网络和系统智能操作支持的解决方案。所有这些发展都将进一步加速数字创新，开创一个互联的社会。

同时，这些发展也将带来一系列社会、经济和政治影响。大规模的数据流可能会泄露个人隐私，为5G系统带来安全隐患。遍布世界各地的数十亿台传感器内没有配置最高级别的保护措施。以物联网为基础的商业模式将动摇传统的雇佣模式，且有可能带来社会和政治上的冲突。除非进行广泛意义上的共享，否则技术创新很可能加剧不平等，拥有信息与没有信息的人会有天壤之别。我们必须认真对待这些社会风险，以有意义的方式处理它们。传感器和监测装置的广泛应用既为我们的生活带来了机遇，也为我们的生活带来了挑战。[53]

第二部分
冲击之下的社会

第四章　变化的工作

在爱德华·贝拉米的经典作品《回顾》中，主人公朱利安·韦斯特从 113 年的沉睡中醒来，发现 2000 年的美国已经完全不同于 1887 年。人们在 45 岁时便不再工作，转而致力于指导他人，从事有利于整个社区的志愿服务工作。[1] 大多数人的工作时间都很短，每个人都能得到丰厚的福利、食物和住房。

得益于新技术的不断发展，人们在只工作数小时的情况下，可以拥有非常高的生产效率。社会不再需要大量的劳动力，因此，个人可以将除休息以外的大部分时间花在教育、个人兴趣、志愿服务和社区改善上。在固定工作之余，人们有充分的时间探索新技能、追求个人价值，而这些往往与他们的工作没有太大关系。

在当今时代，我们的工业化社会可能正面临类似的转型。机器人技术和机器学习提高了生产力，促进了发达国家的经济发展。人工智能已经渗透到金融、交通、国防和能源管理领域。

物联网通过高速网络和远程传感器将人与商业连接起来。这些变化促成了一个新的时代，改变了许多人的生活。

然而，为了充分发挥新时代的优势，人们需要重新思考工作的概念。在本章中，我将介绍新兴技术对传统商业模式和劳动力的影响，讨论技术如何影响就业，以及它在多大程度上创造或消灭了人类的工作岗位。共享经济的发展已经向我们展示了一些新的职业，此类职业不像传统职业那样，享有医疗保障或退休福利。未来，在一些职业无法享有社会福利的情况下，我们要了解如何解决相应人群的福利保障问题，就需要扩展工作的概念，将志愿服务、养育儿女、职业指导纳入其中，并提高人们休闲活动的多样性。

正在减少的劳动力需求

现在，许多经济规模已经相当可观的企业并未雇用大量全职的劳动力，而是将生产任务外包给（国内和国外的）承包商和分包商，以保证高效低耗的内部运营。麻省理工学院经济学家安德鲁·麦卡菲认为："在我们现在所面临的时代中，机器将取代人类，从事大部分的工作。而且我相信，这个想法不再疯狂，这个时代也不再遥远。"[2] 许多公司都注意到了这一点。与50年前相比，公司不再需要大量的劳动力来扩大商业竞争规模，各种软件平台的应用和劳动力外包服务完全可以为之提供有效的发展保障。因此，公司无须再雇用大量的全职劳动力。

表4-1比较了1962年和2017年规模最大的公司的市场资本化和劳动力情况。1962年，美国电话电报公司在美国拥有56.4万名全职员工，其股票市值为25亿美元，相当于2017年的200亿美元。同时期的通用汽车公司拥有60.5万名员工，其股票市值为15亿美元，相当于2017年的120亿美元。[3]

表4-1 1962年、2017年大型企业市值与员工数量情况表

大型企业	市值（亿）	员工数量
1962年		
美国电话电报公司	200	564 000
通用汽车公司	120	605 000
2017年		
苹果公司	8 000	116 000
谷歌	6 790	73 992
微软	5 400	114 000
脸书	4 410	18 770
甲骨文公司	1 860	136 000
思科	1 570	73 390
Priceline	920	20 500
高通公司	850	30 500

数据来源：1962年的员工数据来源于电子计算机会计数据库，"Capital Markets and Job Creation in the 21st Century," Center for Effective Public Management, Brookings Institution, December 2015, p.7。1962年通用汽车公司和美国电话电报公司的股票市值数据是作者通过计算得出的。2017年的股票市值和员工数据引自Mary Meeker, "Internet Trends," Kleiner Perkins, 2017

与 2017 年的顶级商业公司相比，这两个公司的情况相当严峻。从这个时期公司的市值和员工人数来看，大多数公司仅需要为数不多的全职员工来维持其极高的市值。截至 2017 年年中，处于行业头部的苹果公司仅雇用了 116 000 名美国全职员工，而其市值高达 8 000 亿美元，是 1962 年美国电话电报公司市值的 40 倍，但其员工数量仅是后者的 1/5。再用通用汽车公司做对比，苹果公司 2017 年的市值是通用汽车公司 1962 年的市值的 67 倍，其员工数也仅仅是后者的 1/5。

2017 年，谷歌拥有 73 992 名员工，其市值为 6 790 亿美元；微软拥有 114 000 名员工，其市值为 5 400 亿美元；脸书拥有 18 770 名员工，其市值为 4 410 亿美元。员工数量最多的科技公司是甲骨文公司，它拥有 136 000 名员工，但它的股票市值比美国电话电报公司和通用汽车公司 1962 年的市值高得多，员工人数也比它们少得多。[4]

大型企业配置少量的全职劳动力是 21 世纪经济的典型特征。企业不再需要 50 万名员工来完成必要的运营操作，相反，企业可以通过少量全职劳动力、外部供应链、独立的承包商或其他国家的外包业务，来实现高市值和完美运营。这种运营模式在许许多多的企业中被反复应用，意味着我们已经进入这样一个特殊的时代：公司运营所需的全职员工数量越来越少，在数字经济中尤其如此。

现在，新兴的就业机会往往出现在网络公司而非实体组织中。目前，电子商务领域的工作岗位占美国零售业销售工作岗位的8.4%，且大部分的零售业就业率增长都发生在电子商务领域。例如，2017年，电子商务新增就业人数达17.8万，而传统百货公司零售业则减少了44.8万个就业岗位。[5]自2010年以来，美国每年都出现此类发展趋势，这恰好证明了美国劳动力市场戏剧性的大变革。与此同时，传统零售业减少的就业岗位数量超过了被创造出来的新的岗位数量。

就业形势的变化还可以通过处于黄金年龄的男性劳动力（也就是传统意义上绝大部分的美国全职劳动力）被雇用的情况得以体现。从1948年到2017年，25岁至54岁男性被雇用的情况发生了变化。男性劳动力的被雇用率在1954年达到98%的峰值后，于2017年年中稳步下降至88%（见图4-1）。[6]年龄在25岁至54岁的女性被雇用的情况则有所不同，近10年来，女性劳动力的比例不断增加。1948年，这一比例约为35%，但到了2017年年中，随着更多女性开始工作，这一比例已上升至73%。[7]

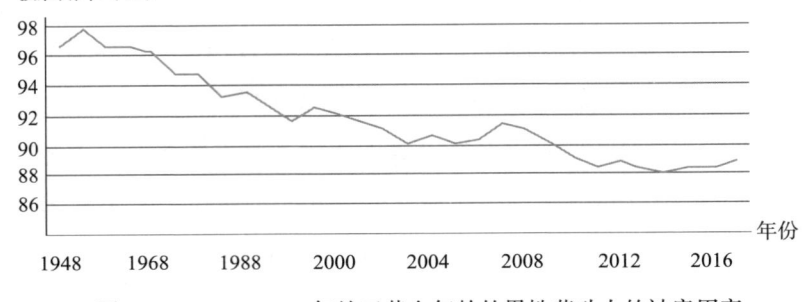

图 4-1 1948—2017 年处于黄金年龄的男性劳动力的被雇用率

数据来源：Bureau of Labor Statistics, Current Population Survey, 1948-2017

  男性劳动力被雇用率的下降主要发生在具有高中学历的劳动力和非裔美国人身上，这一发现有力地证明了该部分群体的经济财富正在逐渐萎缩。2016 年 6 月，奥巴马白宫发布的一份报告指出，技术进步带来的劳动力需求减少正是导致该群体财富萎缩的一个重要原因。报告还指出，"市场对劳动力的需求减少，其体现之一是薪酬缩水，这可能反映出了美国经济中技术、自动化和全球化更广泛的发展"[8]。布鲁金斯学会学者埃莉诺·克劳斯和伊莎贝尔·索希尔也强调了技术因素的重要性，指出"处于黄金年龄（25 岁至 54 岁）的男性劳动力的被雇用率近年来一直处于下降趋势……男性劳动力的被雇用率在过去 60 年中，已经下跌了大约 80%"[9]。这两位学者认为，正是不断发展的先进技术与贸易经济的结合，降低了市场对中青年男性劳动力的需求。

还有人担心新兴技术会影响劳动力市场的繁荣。国际货币基金组织的一项研究发现,"发达国家工人收入下降,这多半可归因于技术的进步"[10]。该报告记录了过去几十年来工人收入的下降情况,并记录了工会力量的减弱如何显著地削弱了工人争取权益的能力。

在许多领域,技术正在取代人类劳动力,这对劳动者和中产阶级的就业明显产生了影响。正如康奈尔大学的工程师霍德·利普森所指出的,"长期以来,人们达成的共识是,技术摧毁了我们现有的就业岗位,但也创造出了新的、更好的就业岗位。事实是,技术正在摧毁我们的就业机会,并的确正在创造新的、更好的就业机会,只不过这些机会越来越少而已"[1]。

技术专家马丁·福特曾就技术发展对劳动力就业的影响发出过严厉警告。他在2009年出版的《隧道中的灯:自动化、加速技术和未来的经济》中写道:"随着技术的进步,机器自动化最终可能会渗透经济,工资将无法满足大部分消费者对收入的预期,这会影响他们对未来的信心。如果这个问题没有得到解决,那么它将会导致经济的螺旋式下滑。"[12]

耶鲁大学和牛津大学的研究人员对人工智能专家进行过一项调研,在调研中,技术专家认为劳动力市场将在未来几十年中发生天翻地覆的变化。报告指出，"研究人员预测，到2026年，人工智能将胜任高中论文写作；到2027年，它将熟练驾驶卡车；到2031年，它将能从事零售业工作；到2049年，它将能撰写畅销书；而到2053年，它就可以操作一台外科手术。这些技术专家相信，在未来45年内，人工智能有50%的概率胜任人类工作；在未来120年内，人工智能将实现所有人类工作的自动化"[13]。

商业公司早已发现，相比人类而言，机器人可以提高操作的准确性、生产力和生产效率，这是一种即将到来的变化的迹象。在2008—2009年的全球经济衰退期间，许多企业出于预算考虑缩减了员工规模，而缩减后的企业必须找到通过更少的劳动力维持企业运营的方法。在经济衰退前，位于罗得岛州的Taco Comfort Solutions公司的业务主管约翰·哈森·怀特雇用了500名员工，该公司当时的市值是3 000万美元。现在，公司收入已增长至3亿美元，而它仅有1 000名员工。自动化运营和生产力的提高是实现这一变化的主要途径。[14]

美国劳工统计局编写了未来就业的预测报告。在2015年的分析中，该局曾预测到2024年，市场上将会产生9 800万个新增就业岗位，这意味着岗位数量每年要增长约0.5%。在对2014—2024年不同行业的就业岗位分布情况的统计和预测中，医疗保健和社会援助领域的岗位数量预计将以1.9%的年增长率位居第一，即在10年中新增约3 800万个就业岗位，这几乎是所有预期新增就业岗位总数的1/3。[15]其他可能新增就业岗位的领域包括专业服务（1 900万个）、休闲娱乐和酒店服务（941万个）、建筑领域（790万个）、贸易领域（765万个）、各州及地方政府部门（756万个）以及金融领域（507万个）。

有趣的是，虽然技术在进步，但信息业是预期失业率最高的领域之一。美国劳工统计局预计，信息产业将失去大约27万个就业岗位。技术进步正在让许多企业经历革命性的转变，但即便如此，它也只会改变企业的经营方式，而不会增加就业机会。技术可以提高生产力和工作效率，而这是通过减少相同或更高的生产水平所需的员工数量来实现的。

制造业是另一个极可能流失大量就业岗位的领域。历史上，制造业一直是处于黄金年龄阶段的男性劳动力的大雇主。美国劳工统计局预计，美国制造行业将流失814万个工作岗位。其他一些可能流失工作岗位的领域包括联邦政府，预计将减少383万个岗位，以及农业、林业、渔业和狩猎领域，预计将减少111万个岗位（见图4-2）。[16]

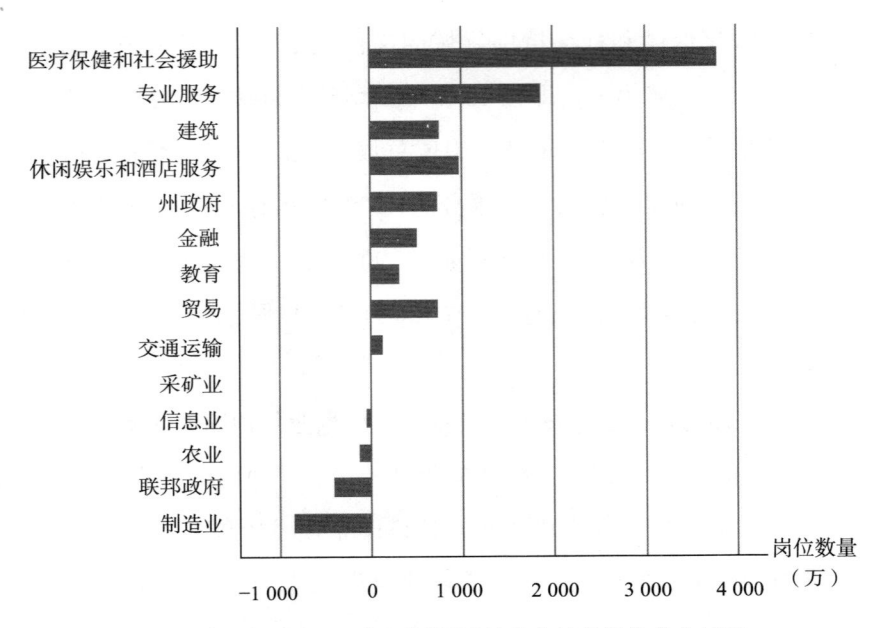

图 4-2　2014—2024 年不同领域的未来就业岗位分布情况

数据来源：Bureau of Labor Statistics, "Employment Projections," December 8, 2015

自动化的风险

美国劳工统计局的数据是预测值，因此它很可能会低估数字发展所带来的破坏性影响。考虑到技术革命仍处于早期阶段，我们很难量化引入机器人、人工智能和传感器给劳动力市场带来的影响。新兴的趋势如何影响各个行业领域尚未可知，因此我们较难给出确切的数据。

尽管如此，我们仍能够估测出计算机化给许多职业带来的影响。牛津大学的研究人员卡尔·弗雷和迈克尔·奥斯本认为，技术将改变我们生活的众多领域。他们研究了702个职业群体，发现"在未来20年内，有47%的美国人的工作可能会被自动化"[17]。

根据他们的分析，电话推销员、职称审查员、缝纫工、数学技术员、保险核保人、手表修理工、货运代理人、税务员、摄影加工员、新会计职员、图书馆技术员和数据录入员的工作有99%的可能被计算机化。相比之下，休闲理疗师、机械监督员、应急管理主管、心理健康社会工作者、听力学家、职业治疗师、医疗保健社会工作者、口腔外科医生、消防员主管和营养师的工作被计算机化的可能性只有不到1%。弗雷和奥斯本的分析建立在不同职业的计算机化水平、工资水平以及不同领域所要求的教育背景等基础之上。[18]

布鲁盖尔研究所的一项分析发现，"欧盟54%的就业岗位正面临着被计算机化的风险"。研究人员利用欧洲的数据扩展了弗雷和奥斯本的分析，认为失业很可能会变得非常严重，人们应该为大规模的失业做好准备。[19]与此同时，麦肯锡针对750个就业岗位的分析表明，"45%的有偿工作可以通过'目前已被论证的技术'实现自动化……目前，60%的岗位有30%甚至更多的操作过程可以实现自动化"[20]。报告称，最适合自动化的岗位包括机器操作员、医疗器械技术人员和缝纫机操作员。

为了展示工作场所自动化对经济的影响，研究者们研究了经济变化对工资和生产力的影响。最有可能实现自动化的工作是"在高度结构化和可预测的环境中进行的体力活动"。总的来说，这种类型的工作"占经济活动总量的51%，总工资约为2.7万亿美元"[21]。好的一面是，自动化每年可以将生产率提高0.8%至1.4%，从而推动经济的增长。

麦肯锡全球研究所最近的一份报告《失业，就业》表明，到2030年，有30%的"工作活动"可能会实现自动化，其中风险最大的是快餐服务、金融、机械操作、运输、抵押贷款处理、会计和法律助理工作。总体看来，报告撰写者估计，全世界有高达3.75亿名工作者可能会因新兴技术的影响而失业。[22]

还有一些专家担心岗位的变动。皮尤研究中心的一项研究询问了1 896名专家对新兴技术影响的看法。研究发现，"近半数的专家（48%）认为机器人和数字代理在未来将取代绝大部分蓝领和白领的工作，许多人对此忧心忡忡，认为这将加剧收入的不平等，导致大批工作者失业，并引发社会秩序的崩溃"[23]。

经济合作与发展组织（OECD）的研究人员更专注于"任务"，而非"职业"。他们发现，其实并不会有太多就业岗位流失。他们利用21个经济合作与发展组织国家的任务相关数据，估算出只有"9%的工作可以实现自动化"。自动化程度最低的是韩国（6%），最高的是奥地利（12%）。虽然他们估算的失业率远低于其他专家的预期，但研究工作者发现，"低水平的工作者很可能首当其冲，成为生产成本调整的受害者，因为他们的工作被自动化的可能性远远高于高水平的工作者"[24]。

尽管进行了这些分析，但就新兴技术的影响而言，人们的观点仍然存在分歧。例如，经济学家埃里克·布莱恩约弗森和安德鲁·麦卡菲在《第二次机器革命》这本广受好评的书中曾指出，技术正在对劳动力产生巨大的影响。书中认为，"技术进步将会使一部分人，甚至很多人落后。事实将向我们证明，拥有特殊技能或受过良好教育的人会如鱼得水，因为这些人能够用技术创造并获取价值。然而，只拥有'普通'技能和能力的工作者将会面临史上最糟糕的时刻，因为计算机、机器人以及其他一些数字技术正以惊人的速度获取这些技能和能力"[25]。

经济学家达龙·阿塞莫格鲁和帕斯夸尔·雷斯特雷波在对就业和薪资影响进行了详细的实证分析后，回应了这些担忧。他们调查了1990年至2007年间，工业机器人的应用对美国本土就业市场的影响，发现"机器人对通勤区的就业和薪资产生了强大的负面影响……根据我们的估计，每千名工人中增加一个机器人将使就业人口比例降低0.18%～0.34%，使薪资降低

0.25%～0.5%"[26]。

美国前财政部长劳伦斯·萨默斯对就业的前景同样不乐观。他在 2014 年 7 月曾写道："照当前的趋势，很可能从现在开始的一代人中，有 1/4 的中年人随时会失业。"在萨默斯看来，"提供足够的就业岗位"将是整个世界面临的主要经济挑战。[27] 后来，他更新了自己的预测，认为"到 21 世纪中期（即 2050 年末），可能会有 1/3 的年龄在 25～54 岁的男性失去工作"[28]。这是目前处于黄金年龄的男性失业率的两到三倍，这一数字目前为 12%。

不过，还有一些经济学家对这种说法表示反对。他们认为，许多就业岗位会因技术的革新而消失，同时会有新的就业岗位产生。仓库中分拣物品的人员可能会减少，因为机器比人类更能胜任这项工作。与此同时，市场上会产生新的就业机会，比如分析并挖掘大数据集、交付商品以及管理数据共享网络等。由此看来，就业岗位的增加和减少将在较长周期的发展中趋于平衡。与过去经济转型期的情况一样，我们的工作形态将发生巨大的变化，但是其中的众多任务仍需要人类来完成。

麻省理工学院的经济学家戴维·奥特尔分析了就业和技术方面的数据，他"质疑技术能否解释就业领域产生的突然变化……就业机会突然减少确实是一个大难题，但是并没有足够的证据表明它与计算机的飞速发展有关"[29]。哈佛大学经济学家理查德·弗里曼表达了同样的观点，他对"技术的突飞猛进改变了众多的商业领域，从而解释了就业数据的变化"这一观点表示怀疑。[30]

布鲁金斯学会的学者马克·穆罗、刘思凡、雅各布·惠顿以及西达尔特·库尔卡尼发现，不同领域和职位的"数字化"程度存在很大差异。他们从对 2001 年以来 545 种职业的分析中发现，"数字化增加了许多工作者的工资，并降低了他们的自动化风险，但是数字化也削弱了创造就业和增加薪资的有利条件，因为它有利于收入极高或极低的群体，而不利于中等收入的群体"[31]。

美国西北大学的经济学家罗伯特·戈登的立场则更为强硬。他认为，"计算机和自动化领域的最新进展与电气化、汽车、无线通信，甚至室内管道系统相比，更缺乏变革性"。之前的种种进步使人们可以进行远距离的快速沟通和旅行，它们最终可能比 21 世纪的任何发展都更利于社会前进。[32] 基于这一推理，不管其他人的看法如何，他并不认为新兴技术会对劳动力产生太大影响。

战略家鲁奇尔·夏尔马预计，机器人不仅不会减少工作，反而会增加就业机会。尽管到 2050 年，全球人口预计将达到 100 亿，但适龄工作人口将不足以生产和提供我们所需的商品和服务。在这种情况下，机器人将发挥其应有的作用，完成必要的工作，以帮助老龄化人口。[33]

硅谷投资者马克·安德森对技术创新的看法最为乐观。他说，"在美国，我们面临的就业危机是劳动力不足"，而不是自动化会减少工作机会。他相信，与汽车行业创造新的就业岗位（比如汽车修理工、车辆租赁员、零部件经销商）类似，自动驾驶汽车也将创造"一系列全新的工作机会"[34]。

公众的观点

关注劳动力受到的后续影响的不仅仅是专家。民意调查显示，美国的普通民众也在关注自动化可能引起的失业。一项针对美国公众的全国调查显示，人们对新技术的未来走向感到十分不安。皮尤研究中心的一项全国民意调查表明，65%的美国成年人认为，在未来50年内，机器人和计算机"将替代人类完成大部分的工作"[35]。然而，大多数人对这种趋势并不满意，当被问及对医疗保健领域的自动化变革的看法时，"65%的人认为，如果未来仿真机器人成为老弱人群的主要照顾者，那将会是非常糟糕的事情"[36]。还有人对自动驾驶汽车这一新兴技术表示担忧。2017年，当他们被问及是否会乘坐自动驾驶汽车时，44%的人表示会乘坐，而56%的人则表示不会乘坐。[37]

最近，由博雅公共关系公司和 PSB 调研公司开展的一项民意调查显示，大多数人认为自动化和机器智能化的发展会减少就业机会，而不是创造新的就业机会。当被问及这一点时，64% 的人认为自动化将会大幅或温和地减少工作岗位，只有 18% 的人认为自动化能够创造新职位。在许多人看来，"未来的制造业工作将需要自动化制造体系的知识以及其他一些高级技能，比如机械或电气工程的相关技能"[38]。

皮尤研究中心的另一项调查发现，许多美国人预计，从自动驾驶汽车的普及到机器人取代人类完成某一种工作，各种自动化技术将会对他们的命运产生重大影响。具体来说，"64%的人认为，如果未来被迫与先进的机器人和计算机竞争工作，那么人们将很难再找到可以维持生计的工作"[39]。当被问及他们对机器人自动化的态度时，72%的人表示他们十分担忧，只有 33%的人表示他们对未来的变化充满期待。[40]

就人们对机器人或计算机化导致的失业的预测而言，不同的行业领域存在着显著的差异。计算机化和自动化对酒店业的影响最大（42%），其次是零售业和金融业（各 41%）。总体而言，受到的影响最小的是教育（18%）和医疗保健（24%）行业（见图 4-3）。[41]

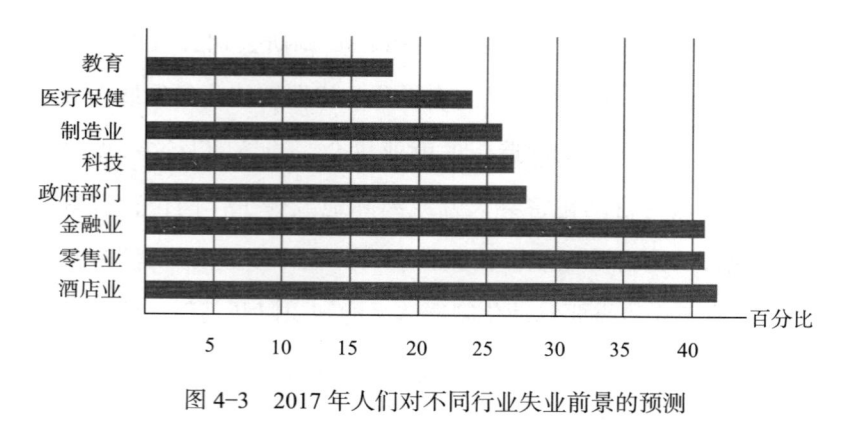

图 4-3　2017 年人们对不同行业失业前景的预测

数据来源：Aaron Smith and Monica Anderson, "Automation in Everyday Life," Pew Research Center, October 4, 2017

企业高管则对工作变化持乐观态度。当被问及未来 5 年随着机器人应用领域的不断拓展，企业的招聘计划将会怎样变化时，参与调查的 58% 的首席执行官表示他们计划减少工作岗位，只有 16% 的首席执行官表示会增加工作岗位。[42] 考虑到这些首席执行官身处招聘的第一线，这些计划对工作者来说并不是好兆头。科尔尼管理咨询公司对商界领袖进行的一项调查发现，"人工智能日益成熟，这大大缩短了处理财务诉讼和监管合规问题所需的工时"[43]。

技术变革对不同群体的影响

这里讨论的劳动力受到的影响不太可能在所有的人口群体中平均分布。确切地说,这种影响的程度取决于不同的年龄、性别、收入、教育和种族。新兴技术的普及会使得某些群体更容易失业。随着数字经济的推进,显然,缺乏技术经验或其他受欢迎的技能的工作者在未来会更加步履维艰。[44]

研究人员统计了 2017 年美国不同人口群体的失业率。总体而言,美国这一年的经济运行良好,整体失业率为 4.2%。然而,失业率在年龄和种族方面存在显著差异。在 16~19 岁的求职者中,约有 14.7% 的人失业。然而,对同样年龄段(16~19 岁)的非裔美国人和非裔美国男性来说,失业率则分别上升到了 25.9% 和 33.1%(见表 4-2)。[45]

表 4-2　2017 年美国不同人口群体的失业率统计情况

人口群体	失业率(%)
整体	4.2
白人	3.7
非裔美国人	7.3
男性	4.2
女性	4.3
16~19 岁人群	14.7
20~24 岁人群	7.1

（续表）

人口群体	失业率（%）
25～54 岁人群	3.6
16～19 岁非裔美国人	25.9
16～19 岁非裔美国男性	33.1
20～24 岁非裔美国男性	13.0
16～19 岁非裔美国女性	19.6
20～24 岁非裔美国女性	8.8

数据来源：Bureau of Labor Statistics,"Labor Force Statistics from Current Population Survey," June 2017

技术变革对年轻人和少数族裔群体的影响尤为强烈，因为他们的工作在未来最容易被机器人技术、机器学习和人工智能取代。[46] 即便他们中的许多人有时间通过学习来获取相关的专业知识，但是他们中很少有人会愿意接受科学、技术、工程以及数学（STEM）领域的培训。这削弱了他们承受未来巨大冲击的能力。

事实摆在眼前，新兴技术给劳动力带来的影响很可能是非常深远的。经济学家杰弗里·萨克斯表示，"机器人和人工智能很可能将国民收入从不同行业的工作者手中转移到资本家手中，从年轻人手中转移到老年人手中"[47]。这将加剧收入不平等，改变赢家和输家，同时扩大社会分化。他指出，"那些具备管理和专业技能的人可以在金融、行政、管理和技术系统等复杂的领域中游刃有余,因此他们得到的利益蛋糕是巨大的"。[48]

在面临国内动乱或战争的国家,青年失业率早已居高不下,而其社会影响相当可怕。世界银行的数据显示,利比亚的青年失业率为48.1%,伊拉克为36.1%,埃及为33.4%,叙利亚为31.5%,阿尔及利亚为26.6%。[49]一旦青年人(或者说所有人)的工作机会减少,他们中的某些人就会犯罪、开展恐怖活动或其他发泄对社会和政治不满的活动。经济发展前景的黯淡不利于社会资源的整合与社会的和平发展。如果自动化的发展导致黄金年龄的男性失业率不断上升,那么那些地方的犯罪率和骚乱事件的数量很可能也会大幅增加。

严峻的工作形势不仅影响了年轻人。随着人口老龄化以及工作岗位向医疗保健领域的转移,对从事护理职业的女性(和一些男性)来说,他们似乎可以免受技术变革的影响。然而事实上,数字技术正在改变护理领域。传感器和远程监测设备可以记录病人的生命体征,并以电子的方式将记录传输给医疗保健机构。可穿戴技术的发展使病人可以与朋友、家人随时保持联系。体弱多病的患者不再仅仅依赖护工来照顾他们的起居,而是可以通过"智能家庭护理助手"获取帮助,这些助手可以追踪其健康状况,并在患者病情恶化时通知专业护理人员。[50]

一项调查研究统计，在美国，约有1 100万名老年人独自生活。有许多老人正在使用"一种能够监测心率、呼吸活动和室温的老年人紧急警报系统。该设备还允许使用者在需要帮助时发出求助信号"[51]。虽然智能护理只是当前护理工作的一小部分，但随着新设备和新功能的普及，智能护理系统的应用也会不断扩展。

即使是在经济发展最好的时期，少数族裔的就业机会也不容乐观。由于歧视、偏见的存在，以及缺乏相应的信息技术培训，少数族裔的失业率一直居高不下。更重要的是，在新的经济形势条件下，他们得不到技术培训。一旦先进的机器开始取代人类劳动力，他们就是最先被取代的群体。新兴技术带给他们的影响是毁灭性的。

由于接触计算机和高速连接的机会相对较少，少数族裔群体并不能从数字技术的发展中获益很多。一项针对数字技术发展不均衡的分析表明，许多少数族裔无法访问高速互联网，这也导致了他们在教育和就业方面面临的尴尬局面。[52]他们不太可能拥有智能手机，不太可能在家里上网，也不太可能获得关于电脑软件的详细指导。这些都限制了他们的发展，使他们很难适应21世纪新兴劳动市场的需求。

新型商业模式与共享经济

随着数字技术在众多领域的普及，商业模式也发生了重大的变化。在过去的几十年里，一些美国公司已经将很大一部分传统的工作职能转移到了公司之外。为了降低成本、提高效率，企业通过世界各地的供应商、第三方代理来提供员工福利或进行索赔处理，同时聘用临时工或外包工来负责工地清洁、会计和联络等工作。

布兰迪斯大学教授戴维·韦尔称，这种变化导致了"分裂的工作场所"。[53]企业领导人不再亲自管理公司，而是将权力下放给一个庞大的网络体系，包括外包公司、远程供应商和远程管理者。这形成了一个依赖外部公司来运营的工作场所。在这个过程中，许多公司削减了成本，减少了享有福利的内部员工的数量，对临时工的需求不断增长，并削弱了对工作场所标准的外部监督。

在这种新兴的经济体中，许多工作者已成为独立承包人，几乎没有福利。公司招聘低薪资的工作者，依靠临时员工或兼职员工完成运营。雇主和雇员之间的忠诚度很低，而公司为了获得竞争优势，不惜"竞相垫底"。一些负面后果，诸如收入差距加大、安全标准降低等，均被视作无关紧要的"外部因素"，留给社会去处理。在许多情况下，种种问题不断恶化，正是因为人们没有认真对待它们。[54]

技术导致结构性变化的最好例证之一，就是所谓的共享经济。它被定义为"通过基于社区的在线服务获取、提供或共享商品和服务的点对点的活动"。[55] 在过去，人们认为工作就是长期的全职岗位。每周工作至少30个小时的人，可以获得医疗保险、退休基金和伤残保险等福利。他们在雇主提供的实体场所工作，生产具体的商品或提供服务。[56]

然而现在，许多通过技术或移动 App 实现的工作，在本质上是临时的或偶发的。[57] 优步的司机可以选择在空闲时间开车，优步会根据他们完成的订单数量支付报酬。如果司机愿意一周工作10～20个小时，那么他们当然完全可以这样做，他们的工资与他们的工作量相匹配。工作时间越久，报酬越高；相反，工作时间越短，报酬则越低。

变革发生的标志之一是2010年至2014年，美国的共享骑乘产业规模增长了69%，并在2014年至2015年间又增长了63%。[58] 优步和来福车在汽车共享领域、Capital Bikeshare（首都自行车共享）在自行车共享领域，以及爱彼迎在公寓租赁领域中的普及率，向我们展示了商业模式变革的新途径。

中国也出现了类似的趋势。新闻报道称，"据中国国家信息中心分享经济研究中心统计，2016年，约有6亿名中国人参加了价值高达5 000亿美元的共享经济活动，这个数字比

2015 年增长了 103%"[59]。在中国，比较常见的共享经济形式包括共享汽车、共享自行车和共享公寓。有些企业家甚至创造了共享雨伞、共享篮球和共享手机充电器等新模式。[60] 随着移动支付系统的普及，创立共享服务并允许客户使用智能手机进行支付，成了一件简单易行的事情。有商业人士称，"支付系统与用户的银行账户相关联，人们可以通过简单的点击和扫码进行交易"[61]。

在欧盟，"自 2010 年以来，一半以上的新工作使用的是临时合同"。整体来看，有 40% 的年轻人从事短期工作，不享受任何福利。考虑到全职员工需要更高的报酬，并需要全部的社保福利，公司更愿意雇用临时工以降低成本。在西班牙，由于债务危机和经济不景气，这种趋势更加明显。2016 年新增的就业岗位中，只有 10%（约 170 万个岗位）是长期的，大多数岗位都是临时的。[62]

即便对劳动力产生了这些可怕的影响，共享服务仍然受到了公众的欢迎。例如，皮尤研究中心的调查显示，"72% 的人使用过共享或按需在线服务"。涉及的服务包括：易贝和克雷格列表等二手商品网站（50% 的美国人使用）、亚马逊 Prime 快递服务（40%）、优步共享乘车（15%）、爱彼迎等房间共享网站（11%）、临时工招聘（4%）以及产品租赁（2%）。[63] 自由职业者联盟的一份报告显示，在提供这些共享服务的美国劳动力（约5 300万名美国人）中，约1/3是自由职业者，即不享受福利的兼职劳动力。

这种模式对那些看重工作灵活度并希望兼职的人来说还算不错。他们可能会有其他家庭成员的收入作为补贴，也可能同时应聘好几种兼职工作以维持收支平衡。对仍然受到父母资助的年轻人来说，兼职工作可以让他们勉强维持生计。

但是，如果这种工作是一个人唯一的收入来源，并且这个人无法通过其他途径享受医保或退休福利，那么问题就出现了。在这种情况下，由于工作不稳定，受雇者在经济上可能陷入困境。一份兼职工作的报酬不足以支付一个家庭的生活开销，而且临时工通常被视作独立承包人，而不是公司的全职员工，因此这样的工作大多不提供任何福利（或者只提供一些无关紧要的福利）。[64]

正因如此，一些国家正在考虑为这种经济模式制定新的法规。比如中国政府鼓励共享经济，同时也在寻求解决与"市场准入、公平竞争、适当的监管机制、支持性政府服务、信任机制、补充性立法支持、消费者和个人信息权益保护、劳工关系、税收与责任等"相关的问题。[65]中华人民共和国国务院现已提出政策性指导意见，与出租车运营商协调共享汽车服务，以确保运营和税收的公平。中华人民共和国国务院还通过了有关司机背景审查和保险要求的规定，以确保公共安全得到维护。随着共享服务的普及，中国的这些调整举措为其他国家提供了参考。

其他的一些西方国家也见证了与共享经济相关的工会活动。比如，优步司机对最低车费、小费政策和总体车费提出了自己的顾虑。在纽约、旧金山、西雅图和费城等地，独立承包人联合起来抗议公司政策，要求获得更高的报酬。[66]我们并不清楚这些事件最后会达成什么样的结果，但值得我们关注的是，共享经济将会越来越普及。

新型工作：志愿服务和养育子女

如果大量的工作是临时的，人们的社会福利得不到保障或根本没有福利，那么在这种情况下，拓展工作的定义，将兼职工作、志愿活动、职业指导和养育子女纳入职业的范畴是十分有意义的。从长远来看，这些工作有益于社会发展，只不过它们目前薪资微薄，且没有医保福利。参加社区活动的志愿者因为看重公益组织的实践意义，所以愿意帮助社区里的其他人。他们为下一代提供培训，或者为社会上的不幸者提供援助。然而，这些领域中的工作尚未被视作真正意义上的职业。除了偶尔获得社区奖励之外，志愿者们并未在社会进步的过程中受到足够的重视。

上述情况与工作、工人和技术转移委员会（Shift Commission on Work, Workers, and Technology）的观点一致。该委员会召集了美国各个城市的专家，讨论了 4 种不同的未来就业前景：工作机会更多，主要涉及工作岗位（与当前情况相似）；工作机会更少，主要涉及工作岗位（经济衰退的情况）；工作机会更多，主要涉及工作任务（共享经济的情况）；工作机会更少，主要涉及工作任务（转向志愿服务、养育子女和职业指导）。[67]

各种调查证据表明，年轻人对第 4 类情况特别感兴趣。总体来说，千禧一代对工作和休闲时间的分配有所不同，许多人希望从事有益于人类的志愿活动。例如，一项针对美国学生的调查发现，他们想从事"一份专注于帮助他人和改善社会的工作"。对他们来说，生活质量很重要，但这并不仅仅意味着要最大化经济上的享受。[68]

许多人对工作以外的志愿活动十分重视。他们有着各种各样的兴趣爱好，希望通过业余活动实现精神的满足。这些业余活动包括课后辅导、制止家庭暴力、保护环境、从事信仰方面的活动或者鼓励创业。德勤的一项研究显示，"63% 的千禧一代曾向慈善机构捐款，43% 的千禧一代积极参与了志愿活动或加入了某个社区组织"[69]。

在数字经济时代，工作变得越来越少，而闲暇时间则越来越多。我们是时候证明志愿工作对社会发展的重大意义了。在英国，志愿者参与有意义的公益活动，可以报销费用或者获得职业培训项目的积分。此外，志愿活动被视为"寻找工作"，因此，志愿者可以通过参与活动获得社会保险信用。[70]

养育子女是另一项有助于社会发展的活动，但这在目前的工作定义下是无偿的。看护婴儿和儿童的工作没有任何报酬，但是这对社会发展至关重要。每一项相关研究都表明，有效的培养和看护对孩子的成长十分关键。那些接受了早期看护和教育的人在情感上是健康的，他们从高中和大学毕业，最终收获了幸福的生活。相反，没有经历早期看护和教育的人很难适应周围的环境，甚至可能遭受监禁，最终无法生存。我们要拓展工作的定义，将诸如志愿活动和养育子女等有价值的活动纳入其中。这么做不仅会让我们看到此类活动的价值，也会为我们提供创造新工作的机会。这将有利于整个社会的发展，并为人类提供有意义的活动，这些活动在我们向新经济过渡的过程中尤为重要。

用艺术和文化来充实闲暇时光

新的劳动力发展趋势的潜在好处之一是，人们的闲暇时间将会越来越多。这可能有两种情况。首先，新型数字经济使得市场对劳动力的需求减少，因此，有些人会找到工作之外的其他方式来构建生活的意义。其次，那些有工作的人也可能会有更多的时间从事其他活动。在未来社会中，我们不用将大部分时间花在完成工作上，而是会有更多的闲暇时间参与工作以外的活动，比如与艺术、文化、音乐、运动、戏剧等相关的活动。

正如我们目前发现的那样，某种工作的终结可能会为个人发展提供其他的可能性。哈佛大学经济学家劳伦斯·卡茨说："信息技术和机器人未来有可能会淘汰传统的工作岗位，并创造出新的手工艺型经济……这是一种以自我表达为导向的经济，在这种经济中，人们可以用自己的时间从事艺术性工作。"[71] 在他看来，这种转变将使消费型世界转变为创造型世界。

人们可以利用闲暇时间开展自己感兴趣的活动，同时可以拥有更多的时间与家人、朋友相处。一项关于家庭时间的研究发现，宏观经济情况会影响家人相聚的时间。随着就业难题的出现，"父亲反而会花更多的时间丰富孩子的家庭活动"，而"母亲的工作时长也会缩短"[72]。只要人们有机会追求自己的兴趣爱好，工作时长的缩短并不会让人精神匮乏。

现在，美国人已经开始在闲暇时间开展各种各样的艺术活动。例如，最近一项美国全国艺术基金会的年度调查表明，在过去的一年中，66%的人参加了视觉或表演艺术活动，61%的人通过电子设备欣赏艺术，45%的人亲自表演或进行了艺术创作，43%的人阅读了文学作品。[73] 总体来说，"女性参加各种艺术活动的比例高于男性"[74]。该组织还发现，人们参与艺术活动的动机各不相同：73%的人是为了与他人交往，64%的人是因为喜欢学习新事物，63%的人是想体验高质量的艺术形式，51%的人是想要支持社区活动。[75]

2016年，美国人口调查局在一项对公众参与艺术活动的调查中发现，公众参与的文化活动相当多样。在过去一年中，59%的人看过电影，44%的人读过小说，31%的人在公共场合跳过舞，21%的人观看过戏剧表演，14%的人去过博物馆，13%的人编织过衣物或饰品，12%的人演奏过乐器，9%的人参加过古典音乐会，9%的人和别人一起唱过歌，8%的人参加过舞蹈表演，7%的人参加过爵士音乐会，6%的人读过诗，还有2%的人看过歌剧。[76]

许多人喜欢开展音乐活动。他们可以为教堂唱诗班唱歌，加入乐队，或者在聚会上为朋友和家人演奏。他们喜欢通过这种富有创造力的方式，让他人享受自己的音乐天赋所带来的艺术魅力。数字音乐的发展加速了音乐的普及。尼尔森的报告显示，"音乐消费正处于历史最高水平。得益于点播音频流增长了76%，2017年的音乐消费总量较2016年增长了3%"[77]。数字音乐的易访问性和存储设备的普及，使人们获取和携带音乐变得更加简便、便宜，这提高了人们对音乐艺术活动的参与度。

在线音频的发展促进了音乐的数字化发行。爱迪生研究公司（Edison Research）多年来一直在追踪广播音频的收听率，研究人员发现，美国人收听在线广播的比例从2010年的27%上升到了2016年的57%。[78] 地面广播的收听率有所上升，卫星和网络广播的收听率则大幅上升。

戏剧领域的情况也是如此。在人类文明的长河中，戏剧有着深厚的历史积淀。从古希腊人到莎士比亚的观众，再到百老汇的戏迷，人们或享受戏剧艺术的魅力，或欣赏他人生动的现场演出。在这个领域，许多人找到了探索艺术的途径，丰富了自己的精神世界。

也有人利用闲暇时间发展业余爱好，比如编织、钩编、改装汽车引擎、园艺或者木工。手工纱线协会（The Craft Yarn Council）对部分手工编织者和钩编者进行了调查，结果表明，65%的人认为这类活动帮助他们实现了自我创造，51%的人喜欢为别人做手工艺品，44%的人认为参加此类活动能够获得成就感。当被问及参加这类活动的好处时，93%的人表示参加活动使他们有成就感，85%的人表示参加活动有助于减轻压力，68%的人表示参加活动有助于改善情绪，56%的人则认为参加活动让自己更加自信。[79]

现代生活的病症之一是人们久坐不动的生活方式。缺乏运动以及大量的"屏幕时间"导致了肥胖比例的增加。美国疾病控制与预防中心的数据显示，36%的美国成年人和17%的美国青少年患有肥胖症。目前，美国有40%的中年人处于肥胖状态。总体看来，成年人和青少年的肥胖率均有所增加。[80]

对日益上升的肥胖率的担忧让人们开始更多地参与体育活动。休闲时间变多的优点之一便是增加了人们锻炼和冥想的机会。从2000年到2015年，美国健身中心和健身俱乐部的会员人数从3 280万增加到了5 500万。[81]此外，在过去20年里，体育活动的参与率有所上升。美国全国健康访谈调查显示，2015年，49%的美国人有规律地进行有氧运动，而在1997年，这一比例仅为43%。

年轻人参与运动尤为积极。在18～24岁的人群中，有近60%的人称自己有规律运动的习惯，而在65岁及以上的老年人中，这一比例只有25%。[82]最受欢迎的体育运动包括高强度有氧运动、游泳、瑜伽、冒险赛车、山地自行车和铁人三项。[83]瑜伽和普拉提也越来越受欢迎。在美国，练习瑜伽的人数从2012年的2 040万增加至2016年的3 600多万。1/3的美国人声称，他们在过去的半年里还尝试过东方养生法。[84]这些都是年轻人非常喜欢的活动。

小结

　　新兴技术和商业模式的重大变革改变了人们的谋生方式。它们正在影响就业的性质，破坏人们获取社会保障的传统途径。对社会保障水平本就不高的人来说，这种影响更为明显。未来，技术创新的步伐会加快，并会对整体经济产生重大影响。这并不意味着市场上不再产生新的工作岗位，而是相比之下，以前的岗位被淘汰的速度可能更快。

　　当缺乏技能的工作者无法找到工作时，我们有必要拓展工作的概念，将兼职工作、志愿服务、养育子女和职业指导等纳入工作的范畴。这些活动丰富了整个社区，并能够帮助人们在职业角色之外建立认同感。这一点十分重要，因为随着许多工作被外包给独立承包人，越来越多的人会发现自己所处的短期岗位不再提供传统意义上的医疗或退休福利。这将导致社会契约的重大变革。现在开始改变福利模式，将有助于我们帮助那些受到技术创新发展的负面影响的失业工作者。

第五章　新型社会契约

新兴经济模式在保障收入、医疗保健与退休福利方面引起了挑战。雇主倾向于雇用几乎不享受福利的临时工。因此,国家需要探索一条可以提供这些基本保障服务的途径,这一点非常关键。如果不能提出有创造性的解决模式,那么社会的不满情绪可能会急剧增加。正如领英的联合创始人里德·霍夫曼所说,"转型是非常痛苦的,让我们试着以一种更人道的方式来解决这个问题吧"[1]。

尽管我们需要具有前瞻性的想法,但关于新兴技术的社会影响的公众讨论并不多。理解知识社会发展所带来的各种影响,以及这些影响如何加剧社会、经济发展的不平等,这一点至关重要。最显而易见的是,数字技术将减少就业机会,限制收入,导致属于永久下层阶级的失业或非充分就业人群的数量增加。正如尼古拉斯·科林和布鲁诺·帕利耶所说,"就业变得越来越不正规，也越来越不稳定，而且报酬普遍越来越低。因此，社会政策不仅要满足处于劳动力市场之外的人的需求，还要满足劳动力市场内部的许多人的需求"[2]。

如果技术发展使企业可以雇用更少的员工来完成商品和服务的供应，那么这对工资和福利意味着什么？在当前的政策下，如果没有全职工作的人数大幅增加，那么这将会削减养老金、医疗保险和残疾保险等福利的分配，从而加剧社会经济分化。由于大多数福利都与全职工作挂钩，如果经济发展需要的工作人数越来越少，那么我们就需要开创全新的福利分配模式。

在本章中，我将探讨几种重新设计社会契约的方案，以解决上述问题。这些可能的方案包括：创建带有可转移福利的公民账户；提供带薪家庭假；改进所得税抵免规则，以帮助贫困的劳动者；完善应对技术破坏的贸易调整援助计划；提供全民基本收入；放宽工作许可要求，以便人们进行兼职工作。为了更好地适应向数字经济的转型，我们需要将这些政策调整结合起来。

创建带有可转移福利的公民账户

目前，美国的医疗保险体系既包括公共保险，也包括私人保险。凯泽家族基金会的统计数据表明，2017年，1.559亿名美国人通过雇主获得医疗保险，6 230万人通过联邦医助获得医疗保险，4 330万人通过联邦医保获得医疗保险，2 180万人通过其他非团体渠道获得医疗保险，640万人通过其他公共机构获得医疗保险，还有2 890万人（约9%）没有任何保险。[3]

如果新兴技术会导致失业率或非充分就业率上升，那么我们需要对劳动力体系进行改革，为非全日制就业人员提供相关的福利保障和工资收入。有专家估计，越来越多的工作将交由独立承包人完成，因此，非全日制就业人群可能会越来越庞大。[4] 在一种以临时性工作为主要特点的经济形态中，人们需要有获取基本福利的途径。

解决这一困境的途径之一是政策分析师科林·布拉德福德和罗杰·伯克哈特所称的可转移的、灵活的"公民账户"。按照他们的说法，我们每个人都将控制"当前的资金组合，用于教育、培训、医疗保险、个人储蓄、退休基金、人寿保险、失业补偿和社会支持基金"。他们的理念是，通过这一机制，"个人将有能力处理失业所带来的一系列不可避免的生活不便，通过再培训适应技术变革，以应对区域经济冲击、本地市场崩溃或经济增长缓慢所带来的变故"[5]。

在他们看来，这是解决技术创新可能引发的就业困境的可行办法。在商业模式日新月异、多数劳动力缺乏转岗技能的时代，人们即使在没有长期工作的情况下，仍要有获得福利保障和再培训机会的途径。目前，人们在劳动力援助方面已投入了大量资金，但这些项目未能较好地协调发展，而且雇员对资金的使用几乎没有发言权。因此，他们没有从这些项目中获得好处。

另外一种相关的解决办法是作家伊莱·莱勒提出的"由工作者控制的福利交易"。这种构想并没有将社会福利与工作绑定，而是提供了社会保障网的几个组成部分，诸如"与失业保险类似的覆盖范围、带薪休假、工伤保险的某些方面（针对不参与工伤保险体系的零工经济平台）、医疗保险以及其他福利保障"[6]。此种交易模式能够帮助失业者重获社会福利，直到他们找到新的工作。它将为非全职工作人士提供灵活的福利保障，帮助人们渡过失业期的难关。

还有一种方法是政府运作的福利交易。《平价医疗法案》就是一个例子，它将保险范围扩大到以前从未投保的人群。无论它作为医疗改革举措的优点是什么，从未来经济的角度看，它将福利和工作分开的模式是极有远见的。该法案在各州设立了保险交易所，即便某人没有全职工作，交易所也可向其出售医疗保险。对于那些毫无经济能力支付保险费用的人，联邦政府为其提供了与家庭收入挂钩的浮动补贴。已有2 000万名美国人通过这项法案获得了医疗保险，联邦医助也扩大了医疗补助的范围，这证明此举是帮助无法通过传统工作获得保险的人的有效途径。[7]

最后，经济学家塞思·哈里斯和艾伦·克鲁格提出了"独立劳动者"方案，以缩小享有固定福利的全职雇员和没有福利的独立承包人之间的差距。根据他们的提议，"企业可以提供雇员目前享有的福利和保障，而无须完全承担作为雇主的法律成本和风险。这些福利和保障包括组织集体谈判的自由、集中资源（例如一系列由雇主提供的福利，如医疗保险和退休账户；所得税和工资税扣缴）的能力、民权保护和工人补偿保险的选择性加入计划"[8]。

全职员工为某个特定雇主工作，且每周至少工作30个小时，而独立劳动者没有资格获得加班费、失业保险或最低工资。他们可以选择参加医疗保险。不能提供此类福利的公司将"支付相当于独立工作者收入（扣除佣金）5%的资金，以支持福利交易方案中的医疗保险补贴"。[9]这使得个体劳动者能够在公司的资助下为自己购买医疗保险。

这些提案的共同理念是，福利的可转移性是在新兴经济模式中生存的关键。在新的数字经济中，人们在不同的雇主和经济领域之间流动，这些流动在未来还有加速的可能。正如分析师丹尼尔·阿拉亚和苏尼尔·乔哈尔所指出的，"为独立劳动者引入可转移福利，是为了让养老金和医疗福利能够从一个临时岗位转移到另一个临时岗位，同时由雇用了劳动者的技术平台提供资助",这是这些方案非常重要的特征。[10] 在当今世界，工作者需要这种弹性的福利，才能在动荡混乱的工作环境中生存。

实行带薪家庭假

改进社会契约需要人们重新审视诸如养育子女和照顾孩子等工作，这些工作在今天的美国社会并未得到充分的重视。与几乎所有其他西方国家不同的是，美国并不需要为照顾新生儿的父母或看护老年人的子女提供带薪假期。相反，夫妻双方只能利用病假或无薪休假时间，照顾小宝宝或家中的年老体弱者。法国和德国的企业会提供 14~16 周的全额带薪休假时间，而英国的企业会为员工提供 6 周的带有 90% 薪资的假期，以及最长 32 周的带有固定比例薪资的假期。[11]

美国企业公共政策研究所及布鲁金斯带薪家庭休假工作组提出一项议案，主张在美国推行全新的带薪休假政策。这项政策由阿帕尔娜·马瑟和伊莎贝尔·索希尔提出，它建议美国人至少应该拥有 8 周的带薪休假，在此期间的薪资是正常薪资的 70%，每周的薪资上限是 600 美元。该工作组指出："如今，63% 的（美国）儿童都生活在双职工家庭。"[12] 因为这一点，再加上平衡工作和家庭生活的重要性，研究人员认为设计和实施更为慷慨的休假政策至关重要。

然而，人们对于该政策涉及的范围以及筹措资金的问题依然存在分歧。尽管多数人支持延长带薪休假并提供更多资助，但仍有人认为这一政策应仅限于低收入家庭，原因是低收入家庭是最需要帮助的人群，他们理应成为政策的核心。工作组确实同意，该政策应通过工资税和预算中其他方面的结余来提供资金。由于带薪休假带来了显著的健康和经济方面的效益，研究人员有充分的理由相信，美国是时候推行这一政策了（美国是唯一一个不为照顾家庭的员工提供带薪假期的发达国家）。[13]

改进所得税抵免规则

在 2014 年出版的《第二次机器革命》一书中，埃里克·布莱恩约弗森和安德鲁·麦卡菲建议提高所得税抵免，作为在向数字经济转型期间为低报酬职务工作者提供收入补贴的一种方式。[14] 比如，在目前的政策条件下，有三个或三个以上孩子的家庭可以享受最高 6 143 美元的税收抵免。收入越高，所得税抵免越少。而且根据婚姻状况和子女数量的不同，收入在 4 万至 5.5 万美元之间的家庭的抵免额度甚至会被完全取消。[5]

普及这一政策的目的是鼓励人们工作，同时确保他们为低收入者提供基本的支持。美国城市-布鲁金斯税收政策中心的数据表明，约有 2 600 万个家庭获得了大约 600 亿美元的退税或减税优惠。这一数据表明，该项政策有可能让 650 万人摆脱贫困。[16]

哈佛大学法学教授凯斯·桑斯坦也支持所得税抵免这一政策。他认为，如果规划得当，该政策将"减少贫困，促进就业，改善婴儿和母亲的健康状况，提高人们从大学毕业的可能性"[17]。他认为，将这一抵免额度提高 8% 左右，将会给社会带来巨大的回馈。

布鲁金斯学会研究人员伊丽莎白·尼伯恩和纳塔莉·霍姆斯将所得税抵免描述为"美国最有效的扶贫计划之一"，它在收入、健康和教育方面都带来了明显的回馈。按照这个说法，"该政策对父母产生了积极而持久的影响，为他们带来了长期的收入增长并改善了他们的健康状况。与此同时，他们的子女也从该政策中获益匪浅，包括学习成绩和大学入学率的提高，以及在成年后获得更多的工作机会和更高的收入"[18]。

税收抵免惠及了美国的大都市社区。数据分析表明，"税收抵免政策给当地经济带来的增长至少是抵免金额的两倍"[19]。这意味着，该政策不仅帮助了经济困难的家庭，而且改善了他们生活的社区的状况。

然而，在技术快速发展而引发失业的时期，若要所得税抵免政策发挥作用，我们就必须对其进行改革。目前，一些贫困人群由于收入过低，无法从该政策中受益，或者每年只在退税时享受一次抵免。如果存在大规模群体收入微薄的现象，那么所得税抵免政策有必要进行重新配置，以满足在经济转型影响下的大规模群体的需求。

提高收入限额将有助于解决大规模就业问题。随着住房、教育和医疗成本的不断增长，再加上科技给劳动力带来的威胁迫在眉睫，更多的人将面临风险。即便是目前有工作的人，也很有可能入不敷出。在此种情况下，所得税抵免提供了一种具有证明记录的方法，帮助人们度过困难时期。

此外，按季度退税或抵免将为需要援助的贫困家庭提供更高的灵活性。布鲁金斯大学的学者艾伦·贝鲁布引用焦点小组的研究表明，年度补贴会使受助者陷入艰难的困境。[20] 这种资助方式并不能帮助他们应对贫困带来的问题，也无法解决劳动者面临的预算挑战，而季度定期补贴则能较好地改善经济困难家庭的状况。

芝加哥试点项目的结果也表明，按阶段进行所得税抵免可以产生更积极的结果。该市为 343 名公共住房居民提供了按季度获得 50% 的所得税抵免的机会。后续评估显示他们的"经济安全性得到了提高（漏付的账单和滞纳金，以及食品不安全事件减少了），借贷（发薪日贷款以及向家人和朋友的借款）减少了，支付儿童看护、教育或培训费用的能力提高了。同时，他们承受的经济压力减弱了（可以保证每周家庭收支平衡）"[21]。

完善贸易调整援助计划

几十年来，美国联邦政府一直致力于帮助那些受到国际贸易协定伤害的工作者。如果有人因为某个贸易协议失去了工作，那么这个人有资格获得工作再培训、收入补贴和工作咨询。这个计划的理念是，如果全球经济问题对工作者产生了不利的影响，那么政府有责任帮助他们。工厂的工人、服务业者、海鲜工人和农民都可以向美国劳工部提交一份请愿书，申请调查请愿书背后的真相。美国劳工部会采用法定标准来确定对外贸易是不是造成威胁或导致实际失业和工资减少的重要诱因。如果该部门批准了请愿书，则证明工人群体受到了影响，那么该群体中的成员可以以个人名义向其所在州的劳动局申请贸易调整援助福利和相关服务。[22]

研究人员称，自1974年以来，贸易调整援助项目已经确认约480万名美国工作者受到了全球贸易的影响，或者说"大约3%的大规模裁员是进口竞争和海外搬迁造成的"[23]。50岁以上的持证员工如果被迫从事低收入工作，可以获得工资补贴。

这是合理的，因为一项研究发现，"贸易调整援助申请者的现有收入比他们以前的工作收入平均少30%"[24]。

该计划还可以被改进。目前，它关注的是国际贸易协议造成的混乱，申请受益者必须证明他们的失业是由协议而非其他经济力量所致的。如果他们能证明协议造成的不利影响，那么他们就有资格享受政府补偿。

不过，关于由贸易协定之外的因素造成的经济困境，目前尚无任何条款规定。比如，假设工作者由于自动化、机器人、人工智能软件或自动驾驶车辆的应用而失业，那么他们就没有资格通过该计划获得政府援助。他们可能有资格获得其他项目的援助，比如失业保险等，但他们肯定无法通过该项目获得援助。

此外，在过去40年中，获得认证的人数相对较少。如上所述，只有480万名员工通过了该计划的认证，其中只有220万人实际获得了补偿。[25]这只是受全球商业和业务外包影响的劳动力大军中的很小一部分人。为了更好地推广该计划，我们必须将其他导致大规模裁员或严重的经济混乱的经济状况纳入其中。该计划开创了通过工作再培训、收入补贴和工作咨询来帮助工作者的新模式，这一模式与美国当前的经济形势密切相关，也可以被用于应对其他的工作困境。

提供可转移的退休福利

许多雇主已开始采用401k退休计划，作为提供可转移退休福利的一种方式。雇员每月从自己的工资中拿出一定比例的资金，存入养老金账户，企业也会为他们提供一定比例的资金。雇员可以自主选择投资方式，并且一旦跳槽，他们可以将账户资金一起带走。许多企业通过自动为员工注册退休账户，已经使他们获得了收益。[26]当有人被"推动着"注册了养老账户并获益时，更多的人可能会加入这一行列。参加者最终能够获得更多的资金以及更慷慨的退休资助计划。

401k退休计划最早出现在1978年，它是对当时的养老金项目的补充。但在许多情况下，该计划已逐渐取代了传统的养老金模式。1979年，38%的美国私营企业采用的是传统的养老金模式，但这一数字在2017年已降至13%。401k退休计划已成为退休储蓄的一种常用方式，而不再是以福利为基础的替代方案。

然而，目前只有55%的美国人拥有退休账户，而普通人的退休储蓄总额只有5万美元左右。这远远低于人们实际退休后维持生活所需的水平。波士顿学院退休研究中心的数据显示，52%的家庭很可能在退休后面临入不敷出的状况。[27]

此外，这一退休计划对那些没有工作的人来说毫无裨益。

几乎所有的养老金和社会保障都与就业挂钩。没有工作的人无法享受退休福利，而且这类人在新兴数字经济中很可能会继续增多，因此，我们很有必要找到其他的途径，以便照顾到这类人群。如果不想办法提供其他获取养老金的渠道，那么帮助这些因技术革新而失业的人度过晚年岁月，将会是一件非常困难的事。

人们关于提高退休储蓄金有如下一些建议。有人认为，有必要强制推行退休注册计划，以提高该计划的参与度和储蓄金额。提议者称，这是一种通过鼓励人们采取符合自身利益的行动，来加强退休保障的低成本方式。

还有一些人认为，企业应该提高投入的资金比例，来吸引人们增加储蓄。并非所有的公司都能提供相应的资金，如果公司无法提供资金，那么这会减少投资收益并削弱人们储蓄退休金的能力。有人认为，既然企业要提供退休支持，那么增加企业的投入资金就是帮助员工解决退休后的收入问题的一种途径。

好消息是，许多企业已经增加了给雇员的退休资金投入。2009年，企业的平均投入资金为雇员工资的3%，到2017年，这一比例已经提高到了4.7%。[28] 这是为了帮助人们储蓄退休金，提高员工招聘率和留用率，以及提高员工的工作热情。鼓励雇员为退休储蓄提前准备，能够极大地改善他们的长期福利。

以上方案代表了改善雇员发展前景的一些措施，但是随着

第五章　新型社会契约　　125

商业模式逐渐转变为以临时性、无福利的雇佣关系为主，如何让老年人在退休后仍能较为体面地安度晚年，依然是一个悬而未决的难题。在数字经济中，寻找帮助这部分群体的合适方法，可以算得上是一个优先级较高的任务。

发放全民基本收入

考虑到失业或就业不足的情况可能会持续下去，有人建议通过全民基本收入为有需要的人提供经济支持。经济学家菲利普·范·帕里基斯曾建议社会"向每个公民支付一笔基本的收入，保证他们能够获得基本的生活必需品"[29]。这将帮助那些就业前景不佳的人获得基本的生活保障，以防他们落到无家可归或者极度贫困的境地。

本·席勒曾写道："全民基本收入是我们一直期待的解决贫困问题的两党方案。"他声称，随着人们的工作逐渐被机器人取代，工资水平停滞不前，政府应该提供"一笔资金，让人们有机会过上较为体面的生活"[30]。英国经济学家罗伯特·斯基德尔斯基也认为，现在是时候发放全民基本收入了。他认为："随着机器人逐渐取代人类劳动力，人类需要其他收入来替代工资收入。"他声称，提高最低工资标准并不是解决问题的有效途径，因为这将降低人类劳动力与机器的成本差异，反而更加快了自动化的进程。[31]

在美国，作家查尔斯·默里提出了一个更为激进的政策议案。按照议案撰写人马克斯·埃伦弗雷德的说法，默里的方案"将每年为每一位21岁以上的成年公民提供1万美元的基本收入，此外还有专门用于医疗保险的3 000美元……但他同时提议取消社会保障、医疗保险、食品券、住房补贴以及国家为帮助穷人而设立的所有其他项目"[32]。

基本收入的另一个版本是将每月津贴增加到2 000美元（基于美国每年的贫困水平为24 000美元），同时保留部分补贴项目。这是默里计划的进阶版，这样的做法收益更高，与现有补贴项目的关联也更清晰。与默里提议通过终止现有的社会福利项目来打破现状不同，上述基本收入计划建立在现有的福利基础之上，并以全新的方式拓展这些福利。

该计划的支持者认为，基本收入在社会福利补贴方面为人们提供了更高的灵活性。在许多国家，找不到工作的失业人群可以获得失业补偿金，一旦他们能够通过其他方式赚钱，失业补偿金就会减少。这一政策的直接结果是，有人因担心失去每月定期的补偿金而不肯接受任何工作。对他们来说，与其接受危及失业补偿金的工作，倒不如无所事事，不劳而获。[33]

此外，支持者们喜欢基本收入提供的保障。英国皇家艺术协会的研究人员安东尼·佩因特和克里斯·通认为："在一个技术快速变革的时代，基本收入可以使人们平稳地度过工作转型期，同时为人们提供安全保障。"[34] 这些专家认为人们失业和需要工作再培训的时间会更长，因此，有保障的基本收入将是维持社会流动性的关键所在。

　　基本收入的批评者通常会强调两个因素。首先，有人指出工作增加了人类的价值。许多人的自尊有很大一部分来自他们的工作。尽管多数人对目前的工作不满意，但是工作对他们来说仍然至关重要。其次，批评基本收入的人担心，这样的计划会导致人们缺乏工作的热情。就像与社会福利有关的争论一样，批评者担心人们会停止工作，不再为社区的改善做贡献。

　　美国信息技术与创新基金会的罗伯特·阿特金森声称，基本收入将"鼓励人们不工作，并使那些为失业人群创造更多就业机会的活动失去资金支持"[35]。他还反对基本收入计划的前提，即技术会导致就业机会减少。按照他的观点，"任何组织只有节省资金才能实现自动化，而这些节省出来的资金会被转移给消费者，消费者会用这些资金来购买其他物品。这种支出可以在其他经济领域创造新的就业机会"[36]。

　　然而，实验证据表明，提供最低限度的援助并不会让人产生依赖或导致个人倦怠。全球发展中心的查尔斯·肯尼认为，提供社会保障网"可能有助于人们摆脱贫困。如果在毫无附加条件的情况下直接为穷人提供现金，他们会用这些钱购买商品和服务，改善他们的生活并增加他们未来的收入潜力"[37]。因此，基本收入保障可以帮助那些因为客观原因陷入经济困境的人。

为了解决依赖性问题，基本收入可以与志愿活动或工作要求挂钩。德里克·汤普森引用了20世纪30年代公共事业振兴署的例子，他说："政府应该付钱让人们去做一些事情，而不是让他们无所事事。"[38]他建议成立一个"全国在线工作市场"，让人们参与有助于社区发展的项目。这些活动可以包括辅导、提供老年人护理和儿童护理、协助救灾或艺术和文化工作。通过这种方式，个人能够投身于更广泛的社会活动，同时从政府获得最低标准的收入。

芬兰正在试验当地版本的基本收入。在一些社区，政府每月提供800欧元（约900美元）的补助金来替代目前的社会福利。另一种替代方案只提供550欧元，但受助者可以保留现有收入和住房补贴。[39]即便失业人员找到工作，这种收入补贴也会继续维持。

荷兰也在乌得勒支市进行了试验。政府为社会福利的接受者提供最低收入，并且不向其提出任何问题，"以确定没有任何规则限制的福利制度能否带来一个更幸福、更具生产力的社会"[40]。苏格兰在法夫和格拉斯哥开展了一项实验，支持者认为这是简化政府项目、促进团结的一种方式。委员会成员马特·克尔表示："该实验声明，每个人都受到了重视，政

第五章 新型社会契约

府会支持你。它改变了个人和国家之间的关系。"[41]

加拿大曼尼托巴省的一个小镇见证了最低年收入项目的积极成效。通过比较同一城镇中参与该项目和没有参与该项目的居民，人们发现，"收到了最低年收入的家庭的住院次数、意外和伤害事故减少了"，同时，这些家庭的"高中毕业率有所上升"。大多数参与者最终都摆脱了贫困，很少有人辞职。经济学家埃弗兰·福尔热在分析数据后得出结论："政府提供现金可以缓解家庭的经济焦虑，让他们能够投资于自己的健康，并做更长远的规划。"[42]

然而，直至目前，公众仍然对保障性收入持怀疑态度。2016年，瑞士就此问题举行了全民公投，结果被公众果断否决。该提议将每位成人的补贴金额定为2 500瑞士法郎（每月约2 600美元），将儿童的补贴金额定为约600瑞士法郎。结果，77%的选民反对这项提议，只有23%的人投票支持。

一项出口民调发现，"大多数选民拒绝支持提案，因为他们认为该提案在经济上的可行性不高，同时，他们担心无条件提供基本收入会吸引更多的外国人到瑞士来，这反而会削弱人们工作的热情"[43]。支持这一提案的人则认为，这一提议将推进新的工作模式和生活方式，赋予家庭和志愿工作更大的价值。出口调查显示，44%的人倾向于在当地社区进行项目试点，以检测该计划的可行性，而49%的人对此表示反对。[44]

其他国家的相关数据表明，人们对基本收入计划成本的担忧并不是没有理由的。关于澳大利亚基本收入计划的一项研究估计，该计划每年花费高达 3 400 亿美元，几乎是澳大利亚政府目前用于福利和社会保障的 1 920 亿美元的两倍。[45] 用于这类基本收入计划的资金数目非常庞大。

考虑到公众对成本和效益的担忧，倡导者如果希望在未来赢得民众的支持，那么他们显然必须对自己的政策提案进行更详尽的解释。人们对该提案疑虑重重，希望可以亲眼见证这一政策实现了它所宣称的特殊成果。在看到试点项目带来的具体好处之前，人们尚未准备好推广这一提案。

放宽工作许可要求

当前，向数字经济转型的障碍之一是工作许可要求。美国司法研究所的统计数据表明，"20 世纪 50 年代，只有 5% 的工作需要持证上岗，而如今几乎 1/3 的工作都需要持证上岗"[46]。通常，各州或地方都有此项要求，因此，我们需要采取措施，应对重大的变革。一般来说，在不危害公众健康或损害消费者利益的前提下，需要持证上岗的工作应该减少；同时，获得证书所需的时间和金钱也应该减少。[47]

此类改革将使人们在进行职业转换和新技能学习时更为灵

活。人们不必为了获得一个新的岗位而参加费时且昂贵的课程，这将有助于工作转换。在如今经济转型的混乱时代，更简单的工作许可要求将有助于人们应对可能到来的裁员和就业变革。如果调整得当，那么这些改变不会危害公共安全或威胁社区福祉。相反，它们将为就业提供更灵活的选择，让受教育程度不高的人也可以获得谋生的途径。在向新型经济转型的过程中，更灵活的工作许可要求将有利于社会的发展。[48]

谁来买单

与任何社会契约的修订一样，重要的是思考如何在这个经济不稳定的时期为福利升级买单。科技亿万富翁比尔·盖茨因提议征收"机器人税"受到各大媒体的关注。他的提议正是为了帮助失业工作者，为他们提供工作再培训的机会。他认为，机器人正在取代我们的工作，因此我们有必要为受技术变革影响而失业的人们出一份力。在一次采访中，他表示："如果一个工人在工厂工作的收入超过了5万美元，那么他就需要交税。如果一个机器人在工厂做同样的工作，那么我们也应该对机器人征收同样额度的税。"[49]

但是，大多数人都反对他的这个提议。美国前财政部长劳伦斯·萨默斯指责盖茨"拒绝技术进步"，说他"将机器人视为职业毁灭者"。这位著名经济学家指出，技术促进了效率的提升，因此，我们不应通过增税来约束技术的进步。[50] 彭博新闻社的专栏作家诺亚·史密斯对盖茨的提议发出了同样的嘲笑，他指出："对技术征收附加税必将减缓技术的进步，而这对那些因自动化而失业的人来说无济于事。"这位评论员尖锐地指出，问题不在于技术本身，而在于技术带来了社会的不平等。他提醒读者："从工业革命开始，英国人的工资收入就一直在下降，这种情况已经持续了40年。"在重大经济变革时期，这种影响的负面效果十分显著。[51]

尽管盖茨提出的征收机器人税可能不是应对当前经济转型的正确方式，但这位亿万富翁向我们指出，世界面临着重大的再培训问题，现有的项目无法完全应对劳动力面临的挑战。除非我们认真对待即将到来的经济转型，否则我们最终会陷入一种可怕的局面，那是一种充满不平等、社会冲突、政治动荡的局面，可能会有一个专制的政府来应对由此产生的种种混乱。

数字经济转型带来的很大一部分问题与经济的不均衡发展有关。技术变革导致的政治、经济方面的问题包括：如何帮助失业工作者获得新技能？转型过渡期的成本由谁来支付？显然，向数字经济转型会产生强大的副作用，女性和少数族裔很有可能会首当其冲，中年男性和老年雇员将很难获得必需的新技能，并将在岗位竞争中面临重重困难。

目前，有以下几种方法可以支付新的社会福利项目的开支。一种方法是提高年收入超过46.6万美元的人的所得税，这是近年来颇为流行的自由主义方法，因为它把增税的重点放在了收入最高的群体上。例如，对富人征收10%的附加费，就可以筹集到用于工作者再培训或新的福利计划的资金。在过去几十年中，出现了一些在经济方面非常富有的群体，对这些人征税可以部分资助那些有经济困难的群体。截至2017年，按最高比例纳税的纳税者约有140万人，他们共缴纳5 426亿美元的联邦所得税。按照目前的税率，假设避税策略没有大幅增加，那么如果对这部分人群征收10%的附加费，政府每年的收入将会新增约540亿美元。[52]

不过，这种办法不太可能筹集到足够的资金来解决技术变革引发的失业难题。解决这个难题所需的资金数额非常庞大，这不是向富人征收其收入的37%、39.6%或44%的税能够解决的问题。这些税率都无法使我们获得能够应对普遍的经济混乱所需的资源。

另一种方法是对高消费品征收累进税。盖茨建议将此作为解决收入不均的途径之一。他认为，政府应该对富人征收更高的收入所得税。他将重点放在"高消费品"税上，因为这项税的征收对象是超级富豪，只有当他们斥巨资购买豪宅、游艇、豪车等高消费品的时候，政府才会对他们额外征收累进税。[53]

还有一种政策选择是征收团结税，以解决经济混乱的难题。这是对高净值个人拥有的净资产、股票、养老金和金融资产进行征税。[54] 许多国家已经在这样做了。自 1982 年以来，法国对 130 万欧元（约 150 万美元）以上的净资产征收 0.5%～1.5% 的团结税。[55] 挪威对 120 万克朗以上的净资产按 0.85% 的税率进行征税。西班牙对 70 万欧元以上的净资产征收 0.2%～3.75% 的爱国税。阿根廷对 80 万阿根廷比索的净资产按照 0.5% 的税率征税。[56]

尽管亿万富翁唐纳德·特朗普不太可能继续支持这一想法，但他曾在 1999 年提出对净资产在 1 000 万美元或以上的个体征收 14.25% 的"一次性"财富税，用于偿还国债。他当时称，该计划能够筹集 5.7 万亿美元，这将在很大程度上帮助该国重新走上财政偿付之路。[57] 他的提议最后无疾而终，但它确实是一项大胆的倡议，旨在应对未来几年可能出现的结构性经济变化。

美国城市研究院的数据显示，如果对个人净资产超过 800 万美元的人按照 1% 的比例征收团结税，那么美国年收入在前 1% 的家庭将会参与纳税。经济学家估计，截至 2013 年，这些家庭至少拥有 790 万美元的家庭财富。[58] 如果不考虑慈善捐款或其他因素，那么每年征收 1% 的财富税将为政府增加约 3 790 亿美元的收入。

以上方案的假设是，征税对象是收入前 1% 的持有至少

800万美元净资产的人群，这些人拥有全美40%的家庭财富。40%这个比例是根据国会预算办公室的统计数据估算得出的，该统计表明，2013年美国收入前1%的群体拥有全美38%~42%的家庭财富。确切的百分比数字因具体计算方法而异。例如，消费者财务状况调查的数据显示，这一比例为38%，而经济学家伊曼纽尔·赛斯和加布里埃尔·祖克曼的计算结果为42%。[59]联邦储蓄银行的数据显示，2017年，美国的家庭净资产总额达到了94.8万亿美元。[60]

通过该项征税政策募集到的资金可用于支付经济结构调整和技术创新所需的困难津贴或再培训项目的花费，它可以覆盖公民账户、终身学习基金、所得税抵免、带薪家庭假等。征税主要针对少数经济能力最强的美国人，而99%的家庭并不受其影响。它不仅能为重要的社会福利项目提供必要的资金，还能减少美国普遍存在的经济发展不平等现象。

该提案的支持者声称，征收团结税可以帮助普通工人，减少财富不平等的情况，且有助于处理财富给政治进程带来的不良后果。纽约大学经济学家丹尼尔·奥尔特曼表示："财富不平等和机会匮乏正在摧毁我们经济中的精英阶层。从长远来看，这将会限制我们的发展。"他希望用分级的财富税取代所得税。根据他的表述，"一个家庭最初的50万美元的财富可以不被征税，接下来的50万美元可能会被征收1%的税，超过100万美元的部分将会被征收 2% 的税"[61]。征收所得可用于经济结构调整和技术创新所需的投资。

有一种方法行不通，那就是降低富人的税率，以此刺激整体经济增长。这种观点一直是共和党政策的支柱，几乎没有证据表明它真的能够解决经济混乱问题。根据过去几十年的政策经验，在不平等加剧、经济增长下降的情况下，大规模的个人减税措施主要使收入最高的前 1% 的群体受益。在技术变革加速之际，这并不能满足工人阶级的需求。

从美国总统特朗普的经济计划中，我们可以看出这种方法的陷阱。他承诺"降低税收，降低个人和企业所得税，取消遗产税，简化普通纳税人的纳税体系"，并通过 2017 年的减税实现了这些目标。然而，两党税收政策中心对他的计划进行分析后发现，其经济效益"绝大部分都集中在最富有的纳税人身上。美国近一半的总储蓄（49%）将累积到最富有的 1% 的家庭中"[62]。

同样的缺陷也体现在美国共和党削减公司税的政策之中。特朗普提出的大幅削减税议案，实质上惠及了富人阶层。例如，预算和政策优先中心的一项分析发现："约有 70% 的企业降息收益流向了收入在前 1/5 的家庭，而其中的 1/3 的收益流向了收入在前 1% 的家庭。"[63] 就解决技术创新可能加剧的经济公平问题而言，这种财政方案的效果并不显著。

第五章　新型社会契约

小结

新型经济在确保工作者收入和社会福利方面面临着挑战。随着雇主从提供有福利的全职岗位转向提供无福利的临时岗位，我们必须找到提供基本福利计划的途径。新兴技术使得企业可以雇用更少的员工来提供商品和服务，因此，开发新型福利交付模式至关重要。

本章探讨了重新设计社会契约和福利交付的几种方法。其中包括创建带有可转移福利的公民账户、提供带薪家庭假、改革所得税制度、提供全民基本收入、放宽工作许可要求以推动就业过渡，以及对美国最富有的 1% 的群体征收团结税。我们需要将这些方法结合起来，才能更好地向数字经济转型。

第六章　终身学习

在这个技术、组织和经济快速转型的世界，人类必须进行终身学习。在传统的学习模式中，人们会在25岁之前集中学习，然后找一份工作。他们很少关注随后的教育。这种模式已然过时。在当今的社会中，人们可能会跳槽，经历许多行业的变革，需要培训新技能以适应经济转型。他们在30岁时所做的工作，可能与他们在40岁、50岁甚至60岁时所做的工作大不相同。

正因如此，在一生中不断地学习新本领是十分关键的。人们需要了解最新的发展，清楚地知道雇主对于员工一生中的不同时期有着不同的期待。某项技能可能完美地适用于某一时期，却又会在未来变得不那么重要，这使得人们必须不断更新个人能力以适应劳动力发展变化的需求。

在本章中，我研究了终身教育的不同方式。对成年人来说，既便宜又有条件获取的就是职业培训。因此，社区大学、私营企业和远程教育在劳动力发展中发挥着重要的作用。职业培训所提供的技能不仅仅满足个人的当前需求，而且会在未来很多年中持续发挥作用，这一点十分重要。我还讨论了课程改革的必要性，学校可以为青少年提供相关的培训。那些准备进入劳动力市场的年轻人需要学校的培训，这种培训可以让他们在一段较长时间内学习实用的课程。最后，我讨论了终身学习账户，它是资助工作再培训和继续教育课程的一种手段。在瞬息万变的时代，人们需要一些方式为获得新技能买单。

长期混乱的时代

如前几章所述，未来几十年可能是一个经济长期混乱的时代。与技术创新和新商业模式密切相关的重大变革即将到来。其中一些变革已然发生，共享经济正加速发展。在未来，更多的工作将是临时性或偶发性的。

经济的混乱将对劳动力产生巨大影响，并增加人们对继续教育的需求。一项研究估计，"65%的小学生将来从事的工作至今尚未出现"[1]。已经工作的人，或者尚处于职业生涯早期的人，很可能会面临就业不稳定。混乱将是未来劳动力市场的特征。

造成这种情况的原因有很多。值得注意的是，数字技术的应用正在不断普及，预计将渗透经济发展中的各个领域。目前，通信、金融和娱乐领域已经感受到了数字经济的强大影响力。人们以全新的方式获取信息。企业以创新的方式来迎接这一挑战。大众传播的主要形式可能会从文字转变为视频。社交媒体使任何人都有可能成为数字出版商或摄像师。

在未来几年，其他行业很可能也会发生巨变。医疗和教育是受数字技术影响最小的领域。这些领域依赖技术型劳动力，推行自动化的难度较高，因此，在这些领域进行创新是十分具有挑战性的。加之两者皆为劳动密集型行业且管理严格，因此，它们不会轻易受到用于提高生产力的创新技术的影响。

然而，即便是在医疗保健领域，科技在医学诊断和治疗方面的应用也越来越广。数据分析和医生辅助软件正改变着医护人员行医和提供医疗保健服务的方式。越来越多的社交机器人被投入使用，这将重塑医疗服务和病人护理的定义。通过数字技术改变医疗服务的方式将会是多种多样的。

教育领域也是如此。远程教育、大规模开放在线课程和数字资源正在改变教师教学和学生学习的方式。年轻人已经成长为"数字原住民"，他们可以在生活中的许多方面轻松地使用科技。因此，他们希望中小学和大学可以提供最新的数字工具，并将其应用到课程中。

一些教育项目正在通过游戏进行创新。游戏设计者将数学或科学谜题融入教学游戏，参与者需回答实质性的问题，才能继续在游戏中前进。最终成功的人可以获得积分并赢得游戏。电子游戏和教育的结合代表了一种强有力的数字学习形式。

此外，智能手机和平板电脑正在改变人们获取信息和参与各种活动的方式。只要动动手指，人们可以24小时通过移动设备获取信息或进行交易。这些产品使用简单、操作方便，因此，人们可以更轻松地参与以前需要通过操作实体设备来完成的活动。

这些和其他一些新兴技术确实带来了一些重要的社会效益，但它们仍有可能给所有的劳动力带来巨大的冲击。在这些创新中，有一部分技术的破坏力远大于其创造力。例如，未来市场对卡车司机、餐馆服务生和零售店店员的需求越来越少，而这些工作涉及的主要人群是高中毕业生。通过一些专业的培训，他们可以谋得这份工作，挣到基本的生活费用，但是他们仍然需要获得继续教育，才能更新自己的技术，从而选择其他的职业。

社区大学和私营企业的作用

在当今形势下，社区大学至关重要，它为许多成年人提供了职业培训的机会。社区大学的成本不高且比较实用，对想要学习新技能而又条件有限的人群、移民和工薪阶层人士来说，这是一个不错的选择。社区大学在劳动力转型过程中有重要意义，因此，为它提供充分的资金支持，帮助它完成使命，这一点至关重要。

职业教育和学徒计划能够使学生更贴近当前劳动力市场的需求，它们有助于年轻人顺利过渡到工作阶段或适应新的职业。加入这些项目的学生能够掌握职业发展所需的特殊技能，他们在进入劳动力市场后可以很快为企业发展做出贡献。在科罗拉多州，有 181 000 名学生参加了职业和技术教育课程，接受刑事司法、农业、信息技术和时装设计等学科的培训。项目管理人员表示，"94% 的课程完成者都找到了工作"[2]。对社区大学项目的分析发现，那些与行业有着明确联系，并致力于确保劳动力发展与公司需求相关联的培训，才是最有效的培训。[3]

重新定义自己的使命的不仅仅是教育机构。由于难以填补某些职位空缺，私营企业也开始推行终身学习和员工再培训。德勤的一项调查表明，"39% 的大公司高管表示，他们只能勉强，甚至无法找到公司所需的人才"[4]。对技术企业来说，想要找到拥有特定技能的人尤其困难，原因就是许多人在高科技时代来临之前就完成了学校教育，或者他们根本就没有接受过数字领域的培训。

为了解决这一问题，企业制订了自己的培训计划，并与教育机构密切合作，帮助自己的员工学习新技能。美国电话电报公司首席战略官、集团总裁约翰·多诺万表示，该公司一半的员工"正在为适应新的职业岗位而努力学习新技能"[5]。该公司的员工平均每4年更换一次岗位，因此，新技能的培训变得尤为重要。在他看来，公司和员工都应该接受继续教育，这就是崭新的现实。

经济学家哈里·霍尔泽分析了自动化的影响，他认为当今工作者面临的最大风险是"偏向技能的技术变革"。也就是说，工作场所的变化导致执行低技能任务的工作者被自动化技术取代了。同时，市场对受教育程度较高的工作者的需求相应增加了，因为他们能够完成更复杂或需要社会互动的任务。[6] 在这种情况下，工作者接受再培训至关重要，因为他们将从中收获维持工作所需的技能。

好消息是，时至今日，众多美国人已经开始接受再培训。皮尤研究中心进行的一项调查显示，"73%的成年人认为自己是终身学习者"。这些人参加了成人教育课程，或者通过其他途径提升自身技能。调查负责人约翰·霍里根说："大多数美国人对获得新知识和新技能颇感兴趣，有时是因为对工作的焦虑，更多时候是想要通过掌握新事物、寻求新方法来帮助社区发展，并从中获得满足感。"[7]

人们对继续教育感兴趣的原因有以下几个。55%的受雇成年人说他们想"维持或提高工作技能",36%的人想"获得工作所需的执照或认证",24%的人表示他们想"在工作中获得加薪或升职",还有13%的人表示他们接受培训是为了找到新的工作。[8] 以上种种充分表明,人们已经十分清楚提升技能以及适应新经济发展的必要性。

然而,让新技能在数年内持续有效地帮助某人,而不仅仅是在短期内生效,这一点十分重要。正如埃里克·哈努谢克和卢德格尔·沃斯曼因所指出的那样,学徒计划"有助于学生向劳动力市场过渡,但它后来在高速的发展中逐渐落伍了"[9]。人们在学徒计划和其他一些再培训计划中学到的技能是可以被取代的。新技能对人们来说可能一时有益,但它不会使人们获得长期的经济成功。我们不能把临时技能与一个人终身发展所需的基础能力混为一谈。

远程学习

数字技术为远程学习或非传统意义上的学生与课堂的连接提供了多种可能性。它将位于不同地区的学生与非本地教师连接起来,创造了丰富多样的教育资源。它使那些远离传统教育机构的人能够有机会上课,并获得各种类型的教学材料。[10]

目前，存在着不同类型的远程学习模式。研究者将其分为网络促进课程（有30%的在线课程内容）、混合型课程（在线课程内容占30%～79%不等）、完全在线课程（在线课程内容占80%或以上）。[11]

大多数机构提供混合型课程。尽管许多机构会广泛宣传在线课程，但它们中的相当一部分仍采用以传统教学方式为基础的教学模式。例如，课程可能有交互聊天的机制，但讨论形式本身可能是静态的、基于文本的。对高等院校来说，彻底推行科技教育并完全改变教学方式，是一件非常困难的事情。许多学校将技术移植到它们现有的商业模式和教学方法中，因此没有探索远程学习技术中极具变革性的部分。

毫无疑问，远程教育已经成为一个快速增长的行业。美国教育部对远程教育的一项调查发现，美国2/3的高等院校开设了"完全在线课程、混合型课程或其他远程教育课程"。[12] 越来越多的人报名参加这些课程，并认为这些课程对他们的职业发展意义重大。

巴布森学院的伊莱恩·艾伦和杰夫·西曼开展的高等教育调查显示，2017年，有超过600万名大学生上过网络课程，远多于2002年的160万人。[13] 这就意味着，2017年，有29.7%的大学生参加了远程学习；相比之下，2002年，只有9.6%的大学生参加了远程学习。绝大部分的数字化教学是在招生人数超过15 000人的高等院校中开展的，入学人数低于这个水平的院校，一般很少开展在线教学。

一项元分析回顾了50个使用实验或准实验设计来检验远程教育对学生学习的影响的研究。总的来说，这项元分析发现，"在线学习的学生的表现略好于接受面授教学的学生"。研究指出，在线教育通常留有额外的教学指导时间，有助于学生的学习。这种有益影响作用于不同的学习内容和不同类型的学习者。[14]

近年来，使用智能手机的中小学生数量增长了3倍，他们利用移动平台进行远程学习的比例也急剧上升。一项针对350 000名中小学生、家长和学校管理者的调查结果显示，如果学校将移动设备作为教育手段之一，那么62%的家长愿意为他们的孩子购买移动设备。现在大约有74%的学校管理者认为，移动设备可以提高学生在学习和活动方面的参与度。[15]

然而，研究人员发现了更为复杂的结果，即学生在不同方面的学习效果是不同的。例如，新西兰怀卡托大学的一项在线教师教育项目的研究表明，在线教育对交流创新有积极影响，但是对学习者的自主性有消极影响。虚拟教室允许用户使用音频、视频和文本进行交互，利用 PowerPoint 和 Adobe Flash 等程序共享文件、资源和演示文稿。学生可以互相发送消息，共享白板，也可以通过网络摄像头进行交流。[16]

在采访了参与者之后，研究人员发现，在线教室"有助于人们建立信任和融洽的关系，并且在某种程度上有助于培养人们对同组其他人的认同感"。能够实时看到、听到彼此并在网上互动，使得学生的学习体验更接近面对面教学的体验。事实表明，学生们很喜欢这种虚拟体验。大约一半的学生认为虚拟教室有助于知识的积累，但也有很多人认为虚拟技术不鼓励自主学习，因为虚拟课堂是高度结构化的。

斯坦福大学的达芙妮·科勒通过在线和面对面互动相结合的方式教授统计学。在网络课堂上，她会展示带有在线测验的视频材料，这些测验每 5～7 分钟出现一次。她每周进行一次测试，以期通过这种方式让学生跟上进度。学生可以通过在线论坛相互交流或者跟教师沟通。他们还可以在网上发布问题，课程中的任何人都可以看到这些问题及其答案。在线课堂活动侧重高层次的讨论和数学信息的实际应用。

她的课程调查表明，学生喜欢"较短的、内容丰富的课程素材"。当被问及视频材料中的测验时，56 个学生中有 72% 的人认为测验非常有用，24% 的人认为测验比较有用，4% 的人则认为测验让人恼火。大多数人认为测验出现的频率适当，且会话互动很有用。基于这些反应，科勒得出结论，在线统计教学"可以引导学生在学习过程中与教学素材互动，并提供即时反馈"，而且"在线检索和测验显著提高了学习效率"。[17]

这一在线统计课程反映出了可汗学院教育的成功。该学院提供了 2 300 个视频专题，介绍科学、技术、工程和数学教育领域的各种主题。它利用短视频（通常为 12 分钟，旨在适应学生短暂的注意力集中时间），将信息通过模块的形式呈现出来，再组成更大的学习模块。学生可以根据自己的进度进行模块学习，并在学习的不同阶段通过多项选择测试来检测学习效果。学院创始人萨尔曼·可汗称，可汗学院已经提供了超过 5 400 万个视频课程。他说："我们看到，通过在线视频教学，学生初级代数的平均成绩提高了 70%。这就是一个肯定的信号，告诉我们一切都很顺利。这些情况预示着，一些非比寻常的事情正在发生。"[18]

课程改革

在当今世界中，学校要培养学生适应将来新职业的发展，这一点意义重大。正如经济学家安德鲁·麦卡菲所说："我们的教育体系需要进行彻底的改革。我们的初级教育体系正在培养 50 年前的市场所需要的工作者，这一点十分令人沮丧。这种教育体系培养的是学生基本的技能，遵循指令的能力，以及执行规定任务的一致性和可靠性。"[19]

他说，我们真正需要的是"善于协商、富有爱心和同情心、能够激励团队、能够设计绝妙的体验、了解人们所想或所需，以及善于发现下一个问题同时清楚如何解决它"的人。[20]这与我们现在的教育有天壤之别。

对英国未来工作的一项研究显示，英国的劳动力中出现了一个需要接受再培训的"萎缩的中年群体"。该群体已到中年，甚至更老，他们在被解聘后通常不具备其他职位所需的技能。他们拥有的资源十分有限，因此经济上入不敷出，长期处于失业的境地。根据这项研究，"只有不断接受再培训的人才能够在事业上走得更远。特别是当人们要从事组合型职业时，他们需要进行技能的转换，或在已有技能认证的基础上培养新的技能。为了应对经济发展的新需求，我们的教育必须拿出正确的方案"[21]。

随着技术变革的快速发展以及数据分析、软件编码领域中新岗位的出现，仅提供传统课程的教育机构已无法为年轻人提供必要的技能，帮助他们适应21世纪经济的发展。他们在训练年轻人做过去的工作，而不是将来的工作。正如教育家托马斯·阿内特所写，"技术可以提高教师差异化教学的能力。许多适应性学习平台不仅根据学生个性化的学习需求为他们定制了以计算机为基础的学习体验，而且为教师提供了实时的、可操作的数据，以便他们及时帮助陷入学习困境的学生"[22]。

课程结构仍需重新调整，以侧重21世纪的新技能，比如协作沟通和团队合作。现在很多岗位都要求工作者作为团队的一员与他人合作，因此，协作沟通的技能变得至关重要。除此之外，人们要懂得如何批判性地思考，并将自己的想法传递给他人。如果我们的教育能够培养学生这些类型的技能，那么在这个数字化的创新时代，我们的学生将受益匪浅。

中学和大学需要将课程体系与市场技能需求联系起来，创立注重培养实际工作技能的课程。正如经济学家麦卡菲所呼吁的那样，年轻人必须培养谈判、沟通、数据分析以及与他人进行有效合作的能力。在新经济条件下，掌握以上技能的人才是供不应求的。

软件和信息产业协会（Software and Information Industry Association）教育政策高级主管马克·施奈德曼在一次教育研讨会上说过，"多年来，我们用大规模生产式的教育来满足大多数学生的需求，但这样的工厂模式已经无法满足每个学生的需求了"。他呼吁教育改革，承认美国社会现已发生的信息变革给教育带来了巨变，特别是对年轻人产生了影响。他指出，在当今世界，学生们"在校园外被一个个性化的、充满诱惑力的世界所包围，但他们在迈入学校的那一刻，放下了他们的技术，以及他们的思想和热情"[23]。

正如他所指出的，21世纪的新技术层出不穷，执着于20世纪的技术毫无意义。对教育工作者来说，关键在于如何利用技术来引导学生，就像数字媒体播放应用程序 iTunes 使用了听觉功能，优兔（YouTube）使用了视觉功能一样。科技近在咫尺，为教育实现个性化及适应个人需求提供了途径，但我们需要在整个学习过程中应用这些技术。[24]

许多年前，心理学家霍华德·加德纳在他的书中写下了7种不同类型的智能：语言智能、数理逻辑智能、音乐智能、身体运动智能、空间智能、人际交往智能和自我认识智能。[25]正统的教育只关注能够通过智商测试验证的智能，但忽视了多数人都具备的艺术、文化、空间和情感智能。按照加德纳的说法，"7种智能意味着存在7种教学方式，而不是只有一种教学方式"[26]。

以加德纳的观点为基础，联网的教室和电子教学设备允许学生以自己的节奏和方式学习。从学生的立场来看，个性化教育适应性更强，提高了学生的参与度以及他们掌握重要概念的效率。它将教师从常规的烦琐任务中解脱出来，使他们能够节省更多的时间来指导学生学习。[27]

新课程体系让学生掌控自己的学习，而不是用僵化的时间表和年度成绩提升标准来约束他们。从时间上来看，这些课程创新十分灵活，学生可以随时获取教学材料。再加上教师的指导，学生完全可以按照自己的节奏进行课程学习，并根据自身情况选择合适的学习方法。一旦掌握了关键概念，他们就可以提升自己的成绩。

通常来说，教学以与个人相关的具体项目为基础，因此，教学主题对学生有一定的吸引力。检验学习效果的最佳指标之一就是学生的参与度，学生参与课堂活动越积极，学习就越主动。那些对学习内容或学习方法不感兴趣的人，不太可能在学业上取得成功。

许多学校都在建设高速数据通信，以便学生利用技术调整学习的进程。纽约市第一中学是在课堂中进行数字创新的代表。这所学校挑选了一些特定的学生，没有为他们配备教师，而是雇用了教学团队，分别针对每个学生进行教学。每个学生每天都会收到一份"播放列表"，其中有各种符合他们学习需要的教学活动。这份播放列表可能包括：与教师会面、观看在线教程、玩教学游戏或者使用各种类型的电子资源等。校方会追踪学生的学习进展，一旦学生已经掌握了某种技能，他们就可以进入下一个阶段。[28]

这种教学方式的优点在于，它将学生置于整个教育过程的核心位置。他们的日常活动以他们喜欢的、效果最好的学习方式为基础。学生可以接受一对一的教学，也可以分小组接受教学。有了计算机追踪学习进度，学生可以根据需求加快或减慢教学速度。正如该校的一位学生所说："如果我不懂某个问题，我可以尝试其他的方法，慢慢来，没必要一定要按照别人的方法学习。"[29]

另一个前景较好的项目是高科技高中，它关注"个性化、与成人世界的连接，以及共同的智力使命"。[30]它与市内高中合作，推行"学校－工作"的教育策略，以实习、实地调查和项目制作业为基础。学生配有"参谋顾问"，负责协调学生的个人情况和专业发展，并与其家庭成员合作。学校成员均可以使用笔记本电脑、高速宽带网络教室、项目教室和展览空间。

学生要在当地企业或政府部门实习一个学期。学校管理者鼓励学生与卓有成就的成年人共进午餐，鼓励他们与校外导师一起参加"影子"活动。这种将工作与学校融合的方式有助于学生积累经验，在毕业后专注于他们想做的事情。[31]

这家营利性的教育公司在27个不同的州招收了约81 000名学生接受在线教育。学生"自主学习，点击课文，完成练习，参加考试。教师通过电子邮件和电话进行指导"。在这种独立的环境下，学生必须有自主性，能够自主学习。[32]

就大学方面来看，一些学校在使用一个名为"Hot Seat"（热座位）的"反向通道"系统。它为学生提供了一个数字平台，供其在课堂讨论中提出问题或发表评论。一位教师发现，这个方法可以让安静的孩子积极地参与课堂活动，真是棒极了！"我很清楚，如果没有这种社交媒体的互动，学生通常不会把一些个人想法说出来。"个人理财教授苏加托·查克拉瓦蒂解释说。"在软件系统出现之前，"他说，"我就是没办法让他们发言，他们每个人都很害羞。"[33]

过去的教育改革的问题在于，许多人着眼于提高学生的成绩，佢他们根本没有改变教学的方式。[34] 课程的基本结构保持不变：教师传授教学内容，学生定期参加考试，以检测他们对教学内容的掌握情况。如果不尽力改革基本模式以及教学方法，那么学生、教师和管理者很难做出任何改变，更不用说增加学校成就了。

用于终身学习的活动账户

鼓励终身学习的一种方法是建立所谓的活动账户。在一个技术快速革新、裁员普遍发生的时代，人们在工作生涯中需要有学习新技能的机会。在他们受雇于某家公司后，公司可以在他们的个人基金中投入一定数额的资金，他们自己也可以通过存款来增加账户储蓄。类似于退休账户，活动基金中的储蓄可用于投资免税的项目，包括现金储备、股票或债券等。活动账户的所有者也可以用这部分资金来支付学习和工作再培训的费用。账户是可以转移的，因此，如果某人跳槽或者调动工作，那么账户将随个人转移。

设立活动账户的目的是为继续教育提供资金。事实上，在任何情况下，人们都不能仅仅满足于人生前20年内的教育。新兴的工作对技能的需求将不同于人们在学校里学到的东西。一些新的岗位甚至尚未被创造出来。正如布鲁金斯学会的学者凯末尔·德尔维什所指出的那样，技术创新的不断发展使人们能够提升自己的技能和知识水平，这一点至关重要。[35]他指出，法国已经建立了"个人活动账户"，提供这类社会福利。

阿斯彭研究所的学者们提出了"终身学习和培训账户"这一相关概念。按照个人退休账户的模式，人们每年可以在账户中积累高达1 000美元的免税资金，并从联邦政府或私营雇主那里获得相应比例的资金。这使得工作者们能够在退休前的任何时候为再培训和成人教育项目提供资金。我们的目标是培养训练有素的工作者，提高他们的就业能力和灵活性。[36]

其他人则提议创立一个通用的失业工作者计划，帮助失业者学习新的劳动技能。这项由奥巴马政府提议的基金每年将为失业工作者提供4 000美元用于再培训。参加者不仅可以得到一定的经济支持，如果他们新工作的收入比以前更低，他们还可以获得育儿、交通补贴和其他一些工资保险。[37]

彼得·麦克卢尔提出了另外一个想法，该想法建立在他说的"物质援助"的基础上，以《退伍军人权利法案》为原型。他建议联邦政府为年满18岁的公民提供一笔补助金。[38]他们可以用这笔钱支付课程、上大学或参加职业培训项目。其目的是通过直接向学生提供资金来促进高等教育的发展。该计划使得学生能够根据个人情况自由选择最有利于自身发展的项目。

一些州为就读于本州公立大学的当地学生实施了学费减免计划。密歇根州对家庭收入不超过 65 000 美元的学生实施了此项计划。其目的是增加学生接受高等教育的机会,培养更为训练有素的劳动力。[39] 纽约为家庭收入不超过 100 000 美元的学生提供了类似的计划。俄勒冈州和田纳西州也在社区大学提供免费教育。[40] 这一倡议背后的理念是,社会受益于受教育水平更高的人,投资于年轻人的人力资本会使社会和国家受益匪浅。

无论通过什么具体的方法,成年人需要经济支持才能完成继续学习。我们不应将教育仅仅视作年轻人学习新技能或研究感兴趣的领域的一种方式。相反,我们应将教育看作一项持续的活动,它在我们的一生中拓宽我们的视野,拓展我们的兴趣和技能。教育是一种丰富多彩的活动,它将为个人和整个社会带来可持续的利益。

小结

在瞬息万变的世界里,人们必须终身学习。如今,人们变换工作,在零工经济中艰难地谋生,目睹了整个行业的混乱。

因此，学习新技术势在必行。人们30岁时从事的工作很可能与日后所从事的工作大相径庭，因此，不断学习并在整个工作生涯中不断发展新的技能，变得尤为重要。否则人们很可能会面临失业的风险，影响自己的经济前景。

社区大学和私营企业在该领域可以提供相关的帮助，比如提供远程学习项目和个性化的学习选择。这些选择使需要再培训的人能够负担得起继续教育的成本。社区大学和私营企业以一种实用的方式为人们提供了新的技能。一些选择是人们可以负担得起的，这能够帮助那些需要再培训的人参加课程。

设立终身学习账户是为工作再培训和继续教育活动提供资金的一种方法。[41] 这使人们可以提高技能，紧跟最新的职业发展，同时抓住各种机会丰富个人阅历。如果没有这些机会，那么人们将很难驾驭向数字经济的转型。随着技术革新的加速，对成人教育的投资将是一个至关重要的需求。

第三部分
以美国为例的行动计划

第七章　关于政治的反思

当前形势下的主要挑战之一是如何围绕所需的劳动力和政策变化达成社会共识。按照新趋势的发展，数字技术和新兴商业模式将威胁现有的收入方式、医疗福利和退休支持项目。发达国家最终可能会有相当大比例的人口无法充分就业，甚至失业，这将对国家的和平与繁荣构成风险。

世界上许多发展中国家的劳动力供应超过了就业岗位的数量。中东、非洲、拉丁美洲和东南亚的一些国家正在经历着严重的经济不平等，其青年失业率高达 30%～40%。大量年轻人几乎没有意愿改善现状，这很可能会加剧社会动乱或人们对现有体制的不满。一些对社会现状心灰意冷的人甚至试图颠覆现有的公共秩序，为此，政府采取了严厉的镇压措施以维护国内和平。

《饥饿游戏》三部曲对这种反乌托邦的极端版本有着令人

震惊的描述。它对繁华都市和内陆10多个贫困地区进行了对比鲜明的刻画，勾勒出一个极度不平等的世界。都市富饶，而贫困地区的人们甚至会经常饿死。为了娱乐大众，也为了向观众强调中心城市的力量，电影中的人们每年举行一次竞赛，每个地区都要选派一个男孩和一个女孩，参加一场通过电视实况转播的殊死搏斗。失败者战死，获胜者则赢得名声和荣耀，其家乡也会额外获得食物和生活补给。[1]

尽管在发达国家，技术给劳动力带来了越来越大的威胁，但在一个两极分化的环境中，国家领导人或公众都不太会去思考数字干扰和未来的工作。唯有美国前总统贝拉克·奥巴马例外，他认为："因为自动化，因为全球化，我们将不得不审视社会契约，正如我们在19世纪早期、大萧条期间以及大萧条之后做的那样。每周40小时工作制、最低工资标准、童工法等——所有这些都将因为新情况的出现而发生变化。但是如果我们足够聪明，那么我们现在就应该开始建立一个新的社会。这样，待到变化来临之时，它就不会显得那么突然。"[2]

在本章中，我将讨论商业和政府领导人面临的种种挑战。随着技术创新、商业模式的改变以及政治不满情绪的加剧，我们迫切需要设计一种崭新的政治模式，处理经济混乱和政治不满带来的各种问题。如果不能很好地解决政治体制中的基本治理挑战和治理难题，那么这将会引发大范围的动荡。

过去应对巨变的努力

人类文明史上出现过多次大规模的转型。[3]例如，从农业经济向工业经济的转变给工人带来了巨大的创伤。历史学家格雷戈里·克拉克估计，英国工人的实际工资在1770年到1810年之间下降了10%，而英国工人的实际工资在工业化开始的60～70年后才有所上升。[4]

19世纪末20世纪初，美国的工业化转型成本也十分高昂。新商业模式以大规模生产工厂为主，这使得当时的美国人民面临重大挑战。这些挑战包括：人们需要对工人进行再培训，解决食品安全问题，制定童工法，缓解少数人手中经济资源过度集中的情况，以及管理从南方到中西部大城市（工厂集中在这些城市）的大规模移民问题。许多人并不具备工业经济发展所要求的技能。他们在农场长大，在经济转型调整的艰难期移居城市，不得不适应陌生的城市文化。

美国人用几十年才解决了以上种种困境。随着工会力量不断壮大，社会上曾发生过暴力罢工事件。在国家、州和地方政府中，腐败问题十分严重。在市场基本不受监管的情况下，保证食品质量和工人安全是当时的关键性问题。整个美国社会发生了较大规模的动荡和混乱。

然而，在西奥多·罗斯福总统、富兰克林·罗斯福总统和劳工部长弗朗西斯·珀金斯等富有远见的领导人的带领下，美国制定了新政策，创建了崭新的商业模式。经济和政治改革的结合有助于政府、企业适应新的环境和条件。为了推进工人安全保障、改进食品质量以及限制童工，政府出台了一系列公共政策。大型经济公司被拆分重组，以适应市场竞争的需要。新的政治机制，比如初选、参议员直选和国家倡议，允许普通人参与政治并自主选择领导人。政府设立了社会保障和失业保险计划，以帮助工人过渡到工业时代。宪法修正案增加了妇女的投票权和国会征收所得税的权力。

这种充满变化的时期并非个例。第二次世界大战后，欧洲经济遭受重创，国际秩序一片混乱。战争给商业、国家安全和国际关系带来了严重冲击，伤亡人数震惊了整个世界。战后，世界银行和国际货币基金组织等新机构纷纷成立，促进了对外援助和治理改革。不出几年，美国就实施了马歇尔计划和其他多边援助计划，重建了德国、法国和日本，帮助它们走上了复苏之路。最终的结果是，世界经济比战前更加强大和稳定。

第二次世界大战后的发展是一个国家和世界其他国家团结起来解决重大问题的典型案例。与工业革命时期数十年的调整不同，第二次世界大战后，国家和全球领导人在短短几年内迅速行动，就政治和经济问题做出了重大的决策。其结果对全球来说是积极而有益的，这表明在适当的条件下，领导人可以应对大规模的结构性变化，改善许多人的生活。

应对结构性变化

当代经济问题已迫在眉睫，政治领导人们却依然无法克服两极分化、超两极分化和僵局。从工业经济到数字经济的影响深远的转型非人力所能控制，因此，尽管对建立新型工作模式和社会服务提供系统的需求显而易见，但对政治和商业领导人来说，就收入保障和福利提供问题提出现实的解决办法并得到国会多数人的认可，尤为不易。

各党派、各思想路线的拥护者之间缺乏信任，使得人们无法确定有可能达成一致的领域，这使问题演变得更加棘手。[5] 妥协、讨价还价和谈判已成为政客们的噩梦。而新闻媒体几乎完全没有帮助人们理解当前挑战的利害关系。

一些观察人士担心，美国政治正在走向一个"后真相"时代，事实变得无关紧要，欺骗和操纵却普遍出现。联邦通信委员会前主席汤姆·惠勒写道："技术也已经成为破坏真相与信任的工具。出于商业利益而开发的技术的无限潜能，削弱了维系国家和政府的纽带，其结果就是互联网的去民主化。"[6]

政治、制度、技术的方方面面使得替代政策的拟定颇具挑战性。政治体制支离破碎、两极分化。美国的联邦制和分权制使这一问题更加难以解决。与其在深思熟虑后采取行动来改善紧迫的现状，倒不如假装天下太平、维持原状让人感到轻松。

一些投票结果，比如英国的脱欧、唐纳德·特朗普在美国总统大选中的胜利，以及许多地方极端民族主义者的兴起，表明公众在以不同方式宣泄内心的不满。人们讨论贸易和全球化的作用，并争论政府的规模应该有多大。在对所有经济、政治问题的不满中，人们对问题的影响范围以及未来劳动力的补助措施存在普遍的分歧。然而，这些政治问题不应该分散人们对正在发生的经济动荡的注意力，也不应该影响人们解决这些问题，这一点十分重要。

不平等的局面

不平等是一个社会问题，它使经济混乱和政治不满更加难以得到解决。不平等决定了政策讨论的背景环境。收入和财富分配不公，人们无法为需要解决的困难提供资助，也无法就需要完成的任务达成社会共识。[7]

经济学家托马斯·皮凯蒂和伊曼纽尔·赛斯记录了过去100年中收入集中程度的上升数据。他们绘制了1913年至2012年美国收入前1%的人群的税前收入份额图。[8]1928年，也就是美国大萧条的前一年，收入前1%的群体拥有全美收入总和的 21.1%。在接下来的 50 年里，这个数字在 1976 年下降到 8.3%，又在 2007 年上升到 21.5%。它在全球经济衰退后的 2011 年下降到 18.8%，在 2012 年再次上升到 19.6%。[9]这些数据显示，如今的收入集中度与 20 世纪 20 年代十分相似，是第二次世界大战后的两倍多。

更详细的统计数据显示，从 1979 年到 2009 年，大多数工作者的税后收入停滞不前，而收入前 1% 的人群的收入水平则急剧上升。在统计了 4 组工作者实际税后收入的变化后，人们发现在这 30 年间，收入前 1% 的群体的收入增长了 155%，其次 19% 的群体增长了 58%，中间 60% 的群体增长了 45%，而最后 20% 的群体增长了 37%。[10]这些数据导致公众的希望幻灭了，他们深感当前体制对普通人不利。

如果皮凯蒂的《21 世纪资本论》一书说得没错，那么在未来，资金可能会更加集中。根据过去 200 年一些国家的数据，他认为资本的升值速度超过了整个经济的发展速度，尤其是超过了工资的增长速度。这对那些已经拥有大量金融资源的人来说是一件大好事，它使得财富更加集中了。[11]

经济不平等引发的一系列社会问题与新兴技术密切相关。数字平台创造了巨大的财富。事实上，40 岁以下的年轻富豪大多从事数字技术相关行业。随着创新技术加速发展，技术进步带来的经济增长很可能会加剧未来的不平等。正如科林·布拉德福德所描述的那样,"受益于全球经济的似乎只有一小部分人"。他认为,尽管"技术变革提高了劳动生产率,但劳动者本身并未从生产率的提高中获得相应的增量效益"[12]。

经济不平等不仅仅是一种金融上的挑战,它还影响到了政治和基本的治理问题。富人在政治上就比普通民众活跃得多。由"经济成功的美国人"资助的拉塞尔·塞奇基金会,曾发起过一项被称为"有史以来第一次"的公共政策调查,在这项调查中,政治学家本杰明·佩奇、拉里·巴特尔斯和杰森·西赖特记录了富人的激进主义和信仰。他们获得了美国家庭财富排名前2%的家庭的名单,并且补充了一份各大公司高层管理人员的名单。为了达到预期目标,他们对名单进行了筛选,并对排名前1%的财富拥有者进行了访谈。[13]

研究人员在与受访者交谈时发现,99%的富人都表示自己曾在总统选举中投过票,这个比例几乎是普通民众的两倍。大多数人(84%)表示自己对政治十分关注,68%的人曾为政客们提供竞选捐款;与此形成鲜明对比的是,只有14%的普通民众进行了捐款。[14] 一般来说,富人在政治上的表现要比普通民众积极得多。

出现这一现象的原因很简单:富人清楚政治参与的重要性。[15] 参与政治的益处颇多,他们有机会表达自己的观点并且影响最终的结果。普通民众通常对政治冷嘲热讽,在他们眼中，共和党和民主党之间其实并没有太多差异，政治也不是改变社会的主要途径。然而富人们并不这么看，他们大多认为政治是至关重要的，它是影响国家和国际事务的主要方式。事实上，政治学家李·德鲁特曼在对2012年竞选捐款最多的1 000名捐赠者（捐赠金额至少达到13.4万美元的人）进行的一项研究中发现，2/3的人支持共和党，而他们中的大部分人都来自金融领域。[16]

因为清楚政治参与的重要性，所以超级富豪们有大量的"高层政治接触"也就不足为奇了。当被问及在过去6个月内是否接触过政府官员或其工作人员时，40%的富豪表示自己曾与美国参议员会面，37%的人表示自己曾与美国众议员会面，21%的人与管理部门的官员有过联系，14%的人与行政部门的官员有过联系，还有12%的人表示自己曾与白宫官员有过接触。[17]这些数字远远高于普通民众。密歇根大学进行的一项全国性调查表明，只有大约20%的普通人在过去4年中通过电话、信函或拜访司法部门的形式接触过参议院或众议院的议员。[18]

政治激进主义之所以重要，是因为超级富豪这样一个群体所持的政治观点与普通公民的观点截然不同。在他们的调查中，佩奇、巴特尔斯和西赖特向富人询问了一系列公共政策问题。[19]随后，他们将富人的观点与普通民众的观点进行了比较。他们发现，顶级富豪们"在一些重要政策上的观点与美国公众的观点差异迥然，例如他们在税收、经济监管和社会福利项目等问题上就与公众有着显著差异"[20]。该项研究总结了收入前1%的富豪和普通民众在政策偏好上的差异。研究人员发现，与普通公众相比，富豪们更倾向于削减医疗保险和教育投入（分别有58%的富豪和27%的公众同意削减），而他们对政府在监管市场方面发挥的重要作用则明显信心不足（分别有55%的富豪和71%的公众表示有信心）。

然而，最令人惊讶的是人们对社会机遇的不同看法。从理论上来看，我们或许觉得这并不会存在太大的差异。根据瑞士信贷全球财富数据库的数据，69%的富人出身贫寒，可以想象，这部分人很可能会支持政府在经济中发挥有限的作用，但他们仍然会重视机会的公平性。[21]然而佩奇、巴特尔斯和西赖特在调查中并没有发现这一点。数据显示，87%的公众认为，政府应该不惜一切代价来确保所有的孩子都能接受良好的公立学校教育，但是在收入前1%的群体中，仅有35%的人对此表示支持。[22]此外，如果私有企业无法提供足够的就业岗位，那么富人不太会寄希望于政府来提供工作机会，他们不相信政府能够为失业者提供体面的生活，也不愿意支付更多的税来支持全民医保。

这项研究表明，这部分拥有大量资源的群体在社会机遇、教育以及医疗保险等一系列问题上的表现比普通民众保守得多。即使政府行为可能会进一步推动经济发展，为民众提供更多的发展机会，他们也并不支持公共机构发挥更大的作用。他们希望削减为社会弱势群体提供的社会福利保障。超级富豪的态度决定了他们支持减税的政策倾向，即便减税会导致教育和医疗方面的财政投资减少。如果活跃在政治舞台上的富人们赞成减税，支持财政紧缩政策——正如近些年他们表现的那样——那么帮助中低收入者改善现状将更加举步维艰。

普林斯顿的社会学家马丁·吉伦斯认为，"财富和影响力"之间有着密切的关联。通过对政策制定、公众舆论和收入水平进行的详细分析，他认为"无论富有的美国人的观点是否与普通民众的观点一致，这一群体的偏好与最终政策的制定往往有着实质上的（积极）关系"。吉伦斯分析，当弱势群体的偏好与富人的偏好产生了分歧时，"政策的结果与弱势群体的愿望几乎没有关系"[23]。在与本杰明·佩奇合作的后续研究中，他研究了过去30年来，普通公民和经济领域的精英对1 779个不同政策事件的影响力，发现普通人"几乎没有或根本没有任何影响力"[24]。

财富和政治影响力之间的本质联系使普通公民对政治体制越发不满。每当他们看到富人利益集团在发挥影响力，并因此获得巨大的利益时，他们就会得出这样的结论：这个体制对他

第七章　关于政治的反思

们不利，而且基本的治理也有问题。一旦有了这种念头，他们就很难建立起对政府行动的信任与支持，即使是那些旨在帮助普通人改善经济状况的项目。

灵活保障制度

如果在较长的一段时间内，一个国家的许多劳动力都处于失业或未充分就业的状态，那么这个国家就需要寻找其他的方式，帮助工作者获得医疗保障、残疾金和养老金。所谓的"灵活保障制度"是将"提供福利的方式与工作分隔开来"。[25] 根据法国总统埃马纽埃尔·马克龙的劳工顾问让·皮萨尼-费里的说法，人们应该推进对普通工作者的援助，而不是保护某些特定的工作岗位，这一点十分重要。他指出："目前我们正在讨论的改革增加了一系列获取失业保险的途径，这对因经济混乱而遭受收入下降的人来说，无异于拥有了一张安全网。"[26]

目前，在美国，当人们充分就业时，他们有资格享受公司赞助的医疗保险计划和养老金。在大多数想工作的美国人都能找到工作的时代，这种方法发挥了良好的作用。技能有限的人能够在工厂、仓库和生产车间里找到一份薪水丰厚的工作。这份工资足以使他们进行子女教育并支付日常生活的开销，而且可以在重大疾病到来时为他们提供保障。

然而，经济在过去几十年中发生了巨变，人们的工资收入停滞不前，技术的进步使得公司对全职劳动力的需求下降，情况也随之变得复杂起来。随着企业对机器人技术和人工智能的应用，某些行业的工作岗位已经消失，一些公司也更倾向于雇用临时工或海外员工。

一些国家试行了缩短周工作日的政策。例如，瑞典哥德堡推行了一个为期两年的试点项目。退休家庭的工作者从每天工作 8 小时改为每天工作 6 小时，且工资收入不变。这一调整需要以每年 73.8 万美元的成本额外雇用 17 名护士，但其结果是"员工更快乐、更健康、更有效率了"。[27] 这种工作模式的成功促进了其他社区推行类似的改革。

法国率先在国家层面推行了这种做法，将周工作时间改为 35 小时。然而，这一做法并没有缓解法国国内一直以来较高的失业率，它仍然是欧洲失业率最高的国家之一，超过 10% 的法国人找不到有报酬的工作。

创新模式将挑战现有的政治模式，并且需要不同的治理思路。正如 20 世纪初，从农业经济过渡到工业经济会导致社会动荡一般，21 世纪也将是一个动荡的时代。每个国家都在努力帮助人们面对这一深层次的结构性变革。这些挑战将困扰许多国家领导人，因为他们正在经历经济混乱带来的反弹。

例证之一是一些新兴技术降低了政府的财政收入。许多地方单位目前依靠停车费和违章罚款来填补预算，可是随着自动驾驶汽车的普及，地方政府很可能无法再征收到此类交通违章罚款，因为自动驾驶汽车不太可能超速行驶、违章停车、发生交通事故或违章行驶。据亚利桑那州立大学的凯文·德苏扎统计，"像手机 App 这样简单的新型城市创新，再加上仪表维护等常规改进，已经使华盛顿特区的停车罚单收入从 2012 年的 90 610 266 美元下降到了 2013 年的 84 458 255 美元"。他指出，"用户可以使用智能手机，在停车罚单过期前向一个 App 提交停车罚单的照片，并输入违章代码，该 App 会提供有用的信息，帮助用户撤销罚单"[28]。

未来的主要挑战之一是利用技术将数字革命的好处带给更多的人。现在，20% 的美国人和将近一半的世界人口尚未接触过数字技术。据估计，全球仍有 40 亿人无法上网。这削弱了技术革命的影响力，剥夺了那些无法接触到数字技术的人受益的机会。除非我们能帮助更多的人进入数字时代，否则我们不可能解决技术创新带来的根本的不平等。

不作为的风险

美国正处于向数字经济转型的早期阶段，机器人和人工智能等技术正在发展，这些新生力量要改变劳动力结构和人们的经济生活，仍需一段时间。要让相当多的人感受到这些变革的全部威力，可能还需要 10 年或 20 年的时间。

然而，随着变革趋势的加剧，社会将需要大规模的解决方案和基本的政策补救措施。转型早期的不作为加剧了不平等以及未来社会和经济的紧张局势。因此，如果现在能采取新的政策，那么它们可以在很大程度上缓解社会转型带来的影响。

正如美联储前主席本·伯南克所说："经济增长是一件好事。"然而，最近的政治发展使人们逐渐意识到"仅有增长还不够"[29]。经济增长本身——即使它有助于一些人度过金融风暴——并不能减少不平等。有时候，一些重大发展需要强有力的应对措施，以处理根本的问题并解决根本性的混乱。

经济学家拉吉·切蒂分析了几代美国人的数百万条纳税记录，发现 20 世纪 80 年代出生的人中只有 50% 的人挣得比他们的父母多，而 20 世纪 40 年代出生的人中这一比例为 92%，20 世纪 50 年代出生的人中这一比例为 79%，20 世纪 60 年代出生的人中这一比例为 62%，20 世纪 70 年代出生的人中这一比例为 61%。[30] 这种经济流动性的下降，加上美国不平等程度的加深，让许多人备感沮丧，并削弱了整体经济的繁荣。

美国的经济和政治体系无力解决一些基本问题，这激怒了普通公民，加剧了民主体制中的不信任。人们不再相信政治领导人可以改善他们的生活，反而怀疑新闻报道的准确性或公正性。这些挫败的情绪导致了民粹主义起义，并可能引发民众普遍的不满。治理上的失败，无论是真实的还是想象的，使得解决结构性经济变革所引发的问题变得难上加难。在决策者无法控制局面之前解决这些问题，对社会的长远发展是十分有益的。

特朗普主义不是政治反常

在当前的动荡中，政客们就经济问题产生的原因以及补救措施展开了辩论。举个例子，唐纳德·特朗普总统以独特的方式定义了经济问题。他将重点放在制造业就业和贸易协定上，认为这些是造成经济混乱和金融前景不乐观的主要根源。他认为，这些问题是造成工人阶级陷入困境的主要原因，因此，在这些领域采取行动将有助于经济繁荣，可以帮助更多的人应对经济变革。

然而，他的判断在如何界定经济困难的范围方面过于有限。他不明白，经济混乱已不再局限于制造行业，而是正在众多的经济领域内蔓延。技术变革、商业模式的转变和共享经济的出现，正在改变整个劳动力结构，带来普遍的财政挑战。

特朗普本人可能是一位过渡性的政治领袖，但他指出的分歧是真实而持久的。即便在他离任后，结构性变革也不可能消失。如果说真的有什么变化，那就是他曾强调的社会、经济和政治紧张局势有可能在范围上和强度上继续加剧。与未来可能出现的情形相比，一些民粹主义起义，比如茶党、反全球化情绪、反华尔街观点，以及特朗普竞选本身可能显得更加温和。[31]

这就是为什么我们要在怨恨、愤怒和动荡达到飓风级别之前及早采取行动。一些工作者发现自己的工作会受到影响，甚至可能被淘汰，这可能在经济变革的进程中引发极度的愤怒与焦虑。中等收入者在面对大规模转型时可能会深感无能为力，这将加剧公众对政客的愤怒。

已经有确凿的证据表明，制造业的失业和投票模式之间存在某种联系。例如，一项对2016年总统选举的县级分析发现，"有的地区在每千名工作者中至少引进了一个机器人，大多数这样的地区的选票最终结果支持的都是特朗普而不是希拉里·克林顿"[32]。显然，引进机器人的地区、制造业失业，以及共和党总统候选人的支持率之间存在着一种联系。

近年来，发达经济体中出现的不满情绪也许只是未来几十年可能出现的态势的小规模前兆。例如，特朗普曾公开表示，中等收入者在当前形势下面临着巨大风险。特朗普是正确的。这个群体中已有很大一部分人受到了制造业工作岗位流失的影响。随着自动驾驶汽车取代卡车司机，移动平板电脑取代餐厅的服务人员，购买应用取代现场销售人员，这种影响在美国的中产阶级中可能更为明显。

在当今复杂而混乱的世界里，人们担心经济发展的趋势并不断寻找新的身份认同和使命感。正如脸书的首席执行官马克·扎克伯格在哈佛大学的演讲中所提到的："使命感是我们意识到，与自身价值相比，我们还从属于某些更伟大的东西。我们是被需要的，前方有更好的未来需要我们为之奋斗。使命感能创造真正的幸福。在毕业的时候了解这一点十分重要。当我们的父母毕业时，他们的使命感通常来自工作、教会和社区。但如今，技术和自动化正在消除许多工作岗位，许多社区的成员人数一直在下降。许多人感到孤独和沮丧，并试图填补这种空虚。"[33]

经济产出与政治表现的不匹配

美国迫在眉睫的治理危机的一部分是经济产出和政治表现之间的严重不匹配。马克·穆罗和刘思凡在2016年布鲁金斯学会的一项研究中发现，美国15%的县创造了64%的GDP。[34] 这些繁荣地区大多是东西海岸的城市，中间有一些分散的大都会政治区。这些地区在2016年的总统竞选中，基本都支持民主党的候选人希拉里·克林顿。相比之下，其余85%的县都支持特朗普，而这些地区仅创造了美国36%的

GDP。这些地区的人认为自己错过了经济繁荣，认为现有体制与普通人的利益背道而驰。

这种结果也出现在经济创新组织的一项研究中。该组织研究了经济发展的地理基础，发现"美国的地理经济不平等正在加剧"，而且"美国的很大一部分地区落后于当今经济的发展"。该组织分析了县级就业机会创造情况，发现"新的就业机会集中在经济最发达的地区"，而最贫困的60%的县仅有25%的新工作岗位。[35]

出现这些问题的部分原因在于全球经济衰退后初创企业的发展速度放缓。小企业通常会创造相当多的新工作岗位，尽管有时候这些岗位可能是临时或兼职的，福利也很有限。例如，2015年有41.4万家公司成立，比2006年的55.8万家公司要少。[36]在数字时代，小公司很难与具有网络优势的大规模公司竞争。[37]正如人工智能领域先驱、蒙特利尔大学教授约书亚·本吉奥所说，大企业有巨大的规模优势。他写道："更多的数据和更大的客户群可以提供别人无法企及的优势。科学家们都想去最好的地方，那些配备最先进的研究实验室的公司将吸引最优秀的人才，它们也因此成为财富和权力的集中地。"[38]

此外，由于初创企业之间存在显著的地域差异，经济发展变得更加复杂。大多数初创企业位于东海岸或西海岸，这进一步加剧了各地区经济活动的不均衡——75%的风险投资流向了加利福尼亚州、纽约州和马萨诸塞州的公司。[39]这推动了沿海地区的经济活动，而内陆地区却无法享受这样的好处。

国际上也出现了类似的模式。理查德·佛罗里达的研究发现，"世界上最大的50个大都会地区仅容纳了世界7%的人口，但是它们创造了世界经济40%的增长"。在他看来，这些"超级明星城市"已经成为"封闭的社区"，加剧了社会不平等，摧毁了城市的活力。[40]

从政治上来看，这种经济差异是毁灭性的，因为它几乎不可能很快消失。经济产出与政治表现之间的差距只会日益加深。自动化、机器人和人工智能在经济最繁荣的区域发展，而这些发展事实上加剧了不平等，深化了民主危机。

布鲁金斯的学者穆罗在反思这一现象时指出："这是一种两极分化显著、经济日益集中的格局，民主党的基础与集中程度更高的现代经济更为一致，但其他地区出现了不同的支持对象与愤怒的情绪。"[41]这种新兴模式的政治后果可能相当严重。随着经济欠发达地区的工作者逐渐落后于时代的发展，他们很可能会变得更加愤怒，更加强烈地反对全球化、自由贸易、移民和开放经济。

与特朗普的议程类似，他们想要阻止可能威胁自己就业岗位的劳动力发展趋势，减缓可能影响自己就业机会的创新，同时反对政府在帮助工作者适应数字经济的项目上的支出。穆罗曾很有先见之明地指出："就针对政治地理问题提出实际有用的政策而言，我们将面临一系列的问题。"[42]

在领导人处理这些难题时，政治体系和制定前瞻性法律的能力可能会遭到破坏性的影响。比如在美国，不管一个州的人口或经济实力如何，每个州可以选举两名参议员作为代表。在这种治理背景下，目前的经济模式可能带来的结果是，2/3 的参议员来自经济发展停滞的地区，只有 1/3 的参议员来自经济发达地区。

这是一个可能导致政治灾难的模式。政治力量和经济力量之间如果存在如此大的差距，就一定会产生严重的后果。在未来几年里，随着技术革命继续推进并带来大规模的经济混乱，愤怒的选民们可能会认为自己所处区域的经济发展停滞不前，而他们无法分享东海岸和西海岸地区的繁荣，那么政治抵制将会全面爆发。考虑到美国国家治理的体制框架，这些人将有足够的机会和能力来表达自己的愤怒，阻止他们认为不明智的或对纳税人来说代价太高的行动。如果不能很好地处理这些与严重的经济不平等相关的不满情绪，那么公众的愤怒将会妨碍必要的政策回应，并加剧美国现有的社会和经济紧张局势。

媒体混乱与虚假信息

新闻媒体的格局处于一种相当多变的状态，在应对经济混乱和技术创新所带来的难题方面显得规划不足。与此同时，被人们称为"假新闻"的虚假信息和谎言骗局，正越来越多地影响着个人对日常发展的解读。信息系统变得更加两极化，并且争议不断，公众对传统新闻业的信任急剧下降。[43]

随着整个媒体格局的变化，一些不祥的事态已现端倪。一些个人和组织并没有利用数字工具向人们提供信息，提高公民讨论水平，而是利用社交和数字平台进行欺诈、误导，借助机器人或人工智能算法传播虚假新闻和虚假信息，造谣中伤他人。虚假新闻和谣言是由伪装成真实媒体网站的账号发布的，这些账号传播的是欺骗公众的误导性信息。一旦这些信息的发布从零星的、偶然的模式转变为有组织、有系统的模式，它们就有可能破坏整个国家的运作和治理。[44]

比如，美国人在2016年总统选举中见证了有组织地传播虚假材料的行为。BuzzFeed新闻网站的分析发现，2016年最广为传播的假新闻包括"教皇弗朗西斯支持唐纳德·特朗普；希拉里·克林顿向'伊斯兰国'（ISIS）出售武器；希拉里·克林顿担任联邦政府职务的资格被取消了；美国联邦调查局局长从克林顿基金会获得了数百万美元"[45]。通过社交媒体评估，

BuzzFeed宣布，20条最有影响力的虚假新闻引发了870万次分享、转发和评论。相比之下，来自19个主要新闻网站的前20条声誉良好的新闻只引发了740万次相关动态。

在2016年的总统竞选中，虚假信息随处可见。据脸书估计，其平台用户中有1.26亿人看到了俄罗斯相关人士发布的文章和帖子。推特（Twitter）发现了2 752个由俄罗斯组织创立的账号，这些账号在2016年发了140万条推文。[46]这些虚假信息的广泛传播使哥伦比亚大学法学院教授蒂姆·吴不禁质问道："推特是否扼杀了美国宪法第一修正案？"[47]

虚假信息的一个具体例子是所谓的"比萨门"阴谋，它始于推特网站。这篇报道谎称，华盛顿特区的一家叫作"Comet Ping Pong"（彗星乒乓）的比萨店内藏着遭受性虐待的儿童，而希拉里·克林顿清楚这一切。对一些人来说，这个故事非常具有真实感：一个名叫埃德加·韦尔奇的北卡罗来纳州男子带着攻击性武器，驱车前往首都，亲自寻找受虐儿童。韦尔奇在被警方逮捕后说，他在网上看到这家餐厅藏着儿童性奴隶，他想亲眼看看这是不是真的。韦尔奇承认自己携带了武器。[48]

大选后的一项分析发现，自动机器人在推特网上的虚假信息传播方面发挥了重要作用。依隆大学媒体分析助理教授乔纳森·奥尔布赖特认为："机器人现在的做法让虚假信息在推特网上流行了起来。这些机器人扮演了影响立法的在线人群的一部分。"[49] 对于数字内容，分享或点赞的动态越多，它产生的流量就越多。通过这些手段，在互联网上传播虚假信息就变得相对容易了。例如，随着附有煽动性言论的图片内容的传播，没有阅读过原始帖子的人会将这种信息视作可信信息，并进一步进行传播。

一项针对 3 015 名美国成年人的选举后调查显示，新闻消费者很难区分假新闻和真新闻。伊普索斯公司公共事务部的克里斯·杰克逊进行过的一项调查表明："假新闻标题成功欺骗美国成年人的可能性约为 75%，而很大一部分选民记住了假新闻，相关报道也被认作是可信的。"[50] 亨特·奥尔科特和马修·根茨科在选举后对 1 200 人进行了另一项在线调查。他们发现，在看到这些假新闻的人中，约有一半人会相信报道的内容。[51]

假新闻通过虚假账号或自动机器人被迅速放大并传播。大多数机器人本质上是良性的，一些主要网站，比如脸书，禁止并试图删除这些机器人。然而，某些社交机器人是"特别设计的恶意实体，其目的就是伤害他人。这些机器人通过谣言、垃圾邮件、恶意软件、虚假信息、诽谤，甚至仅仅是噪声来误导、利用和操纵社交媒体话语"[52]。

这些信息可以扭曲竞选活动，影响公众的观点，重塑人类的情感，甚至操纵选举的走势。最近的一项研究发现："机器人难以捉摸，它们很容易渗透到不知情的人群中，操纵他们，影响他们对现实的感知，从而产生难以预料的结果。"[53]在某些情况下，机器人还可以进行更复杂的活动，比如与他人进行娱乐性对话、评论帖子、回复问题等。通过特定的关键词、与有影响力的发帖者互动，以及与志同道合的人群产生共鸣，机器人可以扩大自己的影响力，影响全国甚至全球范围内的对话。[54]

虚假信息之所以危险，是因为它能够影响舆论和选举讨论。根据达维德·拉泽及其同事们的说法，"这种情况会使歧视性和煽动性的想法进入公众话语，并被视作事实。一旦这种想法被植入了公众的头脑，它们就可以被用来制造替罪羊，使偏见正常化，以及强化对立心态。在极端情况下，它们甚至可能会催化暴力并为暴力辩护"[55]。正如达维德和他的同事们所指出的，信息来源的可信度、信息的重复度，以及社会压力等因素，都影响着信息的传播和人们对虚假信息的重视程度。当人们看到可信的消息来源在重复发布某些信息时，他们就很容易受到这些信息的影响。

最近的一项民意调查数据显示，这些情况极大地损害了一些网络平台的良好声誉。路透社新闻研究所的数据显示，如今，仅有24%的美国人认为社交媒体网站"较好地区分了事实与假象，有40%的美国人认为新闻媒体较好地区分了事实与假象"⁵⁶。由此可见，这些情况对公共话语造成了很大的伤害。

小结

政界和商界领导者需要做出重大的努力，才能在必要的改革问题上达成共识。如今，媒体系统中两极分化的言论不利于国家解决问题、帮助人们应对过渡期的困难。即便是解决公共政策中的小问题都颇具挑战性，更不用说不平等、收入分配、公共政策和经济成果责任归属等引起分歧的问题了。新闻媒体的报道肤浅且缺乏信息。在这种有限的信息环境中，领导人如何解决影响深远且存在争议的经济问题，仍然是一个悬而未决的问题。⁵⁷

我们无法保证从工业经济向数字经济的转型会顺利推进。至少在短期内，新兴技术很可能加剧经济不平等，扩大沿海地区和内地之间的经济差距，误导民众，同时加剧社会和政治的紧张局势。社会状况可能会恶化，甚至完全失控。无论是政治领导人还是选民，都尚未准备好应对当前的变革。目前的分歧主要存在于左派和右派，或者说共和党和民主党之间。⁵⁸

然而，这些党派纷争在未来的发展背景下是微不足道的，因为未来的发展将以数百万人的社会责任为中心。这些人想要工作，但由于劳动力结构的变革又无法工作。糟糕的经济结果引发的社会责任与个人责任的问题，完全违背了美国个人自由和个人责任归属的传统。新兴经济模式将影响现有的政治联盟、媒体报道和体制管理。它将考验人们对领导者以及他们应对即将到来的数字化转型方式的信心。

第八章　经济改革与政治改革

政治领导人很可能会误判当前的形势，并做出一些缺乏远见或孤陋寡闻的决策，使得劳动力问题恶化。为了维持公共秩序，他们可能会推行破坏社会稳定、加剧经济紧张局势的措施，甚至可能会采取独裁行动。在不知不觉中，他们可能会把个别社区或国家变成与科幻电影里的悲惨场景不相上下的反乌托邦。[1]

不过，在当前形势下，几项经济改革的措施可能会缓解数字经济转型过程中的问题。这些措施包括：拓展新型有偿工作的概念，涉及养育子女、职业指导和志愿工作；实行带薪家庭假；扩大所得税抵免；改善医疗、教育和福利条件。

与此同时，美国政治体系的运作方式也需要进行彻底的改革。这个领域可能进行的改革包括：建立一个解决经济混乱问题的共和国 2.0 政治，实施全民投票以减少政治两极分化，减少基于地理区域的不平等，改善立法代表性，废除选举人团制度，实施竞选资金改革，以及通过征收团结税来资助必要的社会项目。推行以上措施将有助于人们更好地应对迫在眉睫的困扰。

新型工作模式

许多人的个人身份和职业身份至少有一部分来自工作。他们的岗位有助于他们表达使命感、构建朋友或同事社交圈。工作能够提供收入、福利和退休保障。去办公室决定了他们每天的安排和每周的节奏。人们可以在公司工作安排计划表中合适的时间带薪休假，其间的工作由雇主另行安排。一些公司甚至会为员工组织社交郊游、野餐和团队建设活动，以培养他们的感情和团队合作精神。

然而，这种以工作为中心的观念只是最近出现在人类生活中的一个概念。在有历史记录的大部分时间里，工作并不是人类存在的全部意义。人们认为，他们的身份与家庭、民族、宗教、社区或部落有着更密切的联系。工作能够让他们维持生计，但它并没有主导他们的社会生活。他们并不像现在的人那样，醒着的大部分时间不是在工作，就是在思考工作。

在未来，人们可能会回归这种历史上的生活方式。他们的某个工作（或者更可能是多个工作）可能是他们的一部分，但不会构成他们的全部存在。随着技术创新导致的经济混乱进一步恶化，人们的生活将变得更加多元化，他们能够从事各类工作，参与吸引他们的多种活动。这些工作和活动包括育儿、职业指导、志愿者活动，以及体育、艺术等业余爱好。人们将有时间寻求工作与生活的最佳平衡点，将追求个人兴趣付之行动。

与许多传统社会一样，人们以不同的方式为自己的社区做出贡献，而拥有更广阔的人生观可以将人们解放出来，投身于各种各样的活动。他们将把工作视为自己从事的活动的一部分，而不是被工作消耗所有的精力。工作不会支配他们所有的清醒时间，也不会构成他们全部的身份。

向数字世界过渡需要人们实施与工作有关的新政策。一直以来，美国是唯一一个没有官方项目来支付新生儿或老年人看护费用的主要发达国家，而这些正是社会需要的、有益于整个社区的活动。人们在应对技术变革的过程中拓展了工作的概念，这方面的政策倡议将是最重要的提议之一。

这类举措在健康和长寿方面能够带来显而易见的好处。研究人员发现，那些拥有带薪家庭假或病假的人能够养育出更健康的孩子，他们的生活质量也更高。[2]这表明此项经济补贴可以带来积极的效果，与此相关的证据是相当有力的。在提供带薪休假的国家，人们非常喜欢这种模式，他们认为这样可以劳逸结合，从而更好地提高工作效率和生活质量。

在经济和技术转型时期，这项建议尤其重要。移动技术推动的新兴技术和新兴商业模式表明，重新定义工作的概念十分有必要。我们要将一些目前没有报酬，但具有社会意义的活动纳入其中，这是帮助人们过渡到新型工作模式的推动性举措。

然而，要使这种工作概念切实可行，就必须有合理的办法让普通人在全职工作之外获得收入和社会福利。除非养育子女、爱心看护以及职业指导等对社会有益的活动具有社会价值和经济价值，否则个人很难全身心地投入其中。我们应当提升有益于社区的活动的重要性，使其地位上升到足以享受医疗和退休福利的程度。

在前几章中，我详细介绍了拓展社会福利的几种方式，其中包括私人控制的公民账户、工作者控制的福利或政府运营的福利交易所。[3] 根据个人对政府角色、私人或非营利组织的重要性的看法，人们可能会分别倾向于公共、私人或非营利的新型福利提供方式。这项服务的组织方式并不重要，重要的是劳动者应该掌控自己的福利，以及福利应该能够跨部门、跨地域进行转移。

福利的可转移性是当今时代的一个关键属性，因为它可以帮助一个人在不提供福利的兼职工作或志愿服务中找到方向。这些都是未来几年可能出现的新型工作模式，因此更值得我们慎重考虑。经济动荡进一步加剧，人们不可避免地受到了结构转型的影响。最终，许多人不会再拥有带薪全职工作。我们对待这些人的方式，以及他们获得收入和福利的方式，将决定这个世界的发展。

改善医疗、教育和福利

不平等不仅仅是一个经济问题，它还对医疗和福利有着重大影响。例如，研究发现，经济不平等与死亡率之间存在某种关联。普林斯顿大学的经济学家安妮·凯斯和安格斯·迪顿的一项分析显示，近年来"与药物过量、自杀以及酒精有关的死亡率不断上升，特别是在高中及以下学历的人群中，这种趋势尤为明显"[4]。这些人近几十年来的境遇不佳，而且其工作面临着自动化技术的威胁。随着经济状况进一步恶化，这些人正在面临更复杂的健康和寿命危机。正如凯斯和迪顿所写的那样："一直以来，在劳动力市场上、在婚姻及养育孩子的过程中，以及在健康方面的累积劣势……都是劳动力市场机会不断萎缩造成的。"

布鲁金斯学会的学者卡罗尔·格雷厄姆、塞尔吉奥·平托和约翰·朱诺也发现了类似的结果。这些研究人员将个人幸福感与死亡率进行比较后，发现"贫穷白人丧失希望和高度担忧的情绪与过早死亡率之间存在着强有力的联系"[5]。他们将所谓的"绝望地区"与影响劳动力的技术变革联系起来,发现"其中一个关键因素是蓝领白人的困境。对他们来说,过上稳定的中产阶级生活的希望已经基本消失。在很大程度上,由于技术驱动的增长,传统的第一、第二产业——比如煤矿和汽车制造业——的蓝领工作正在逐渐消失"[6]。

美国梦的破灭和随之而来的社会阶层流动,损害了处于经济中层和底层的人的幸福感和个人福利,并给受技术变革影响的人带来了许多个人问题,对整个社会的命运构成了挑战。我们不仅需要改善经济不平等引发的恶果,还必须制订方案来帮助那些在健康和教育方面遭受技术创新和经济混乱的双重打击的人。

目前已经取得良好效果的一项计划是学前教育计划。大量的研究结果表明,为3岁和4岁儿童开设的丰富的课程活动对他们的健康和学习发展大有益处,那些参加过此类活动的儿童通常会在早期得到提升。人们对6 150名从出生到5岁的儿童进行了详细的分析,"与那些只待在家里、与父母或非正式看护接触的同龄人相比,参加过典型学前教育的儿童(平均4岁)的认知发育确实略有加快"[7]。

改善劳动力培训是另一个关键目标。一般来说,社区大学提供的培训价格不高,对工作者来说容易获得。许多企业与社区大学以及其他一些教育机构密切合作，旨在提高工作者的技能。[8] 企业利用再培训计划来提高劳动力的水平，并为雇员提供新的机会。远程教育的新进展使未被雇用的成年人也可以拥有提升自我技能的机会。我们需要确保再培训计划能够为人们提供长期的培训，并且最终帮助人们收获成功，这对于该计划的最终成功非常重要。

最后，我们必须解决困扰工人阶级和专业人士的阿片类药物滥用的流行问题。这一问题在经济转型时期受到了特别的关注。结构性的巨变增加了人们的心理压力，并增加了药物滥用的情况，引发了与经济挫折相关的心理健康问题。近年来，农村地区、小城镇和城市社区都报告了数千例药物过量的病例。当人们在个人生活中面临巨大压力时，他们往往会求助于止痛药、镇静剂、甲基苯丙胺、可卡因，甚至海洛因。

当某人药物摄取过量时，纳洛酮等药物可以让受害者苏醒。然而，注射器和鼻腔吸入器的成本分别为 4 500 美元和 150 美元，这增加了美国各地的预算成本。尽管纳洛酮可以挽救生命，但由于预算问题，一些城市已经停止供应这类药物。即便其医疗价值显而易见，管理者也会拒绝让执法人员或急救人员使用该解药。[9]

国会已经批准将大约 11 亿美元用来处理阿片类药物滥用问题。但考虑到药物滥用问题的严重性，这只是杯水车薪。受到药物影响的人相当多，他们的心理健康问题十分严重。为了消除药物滥用带来的灾难性影响，我们需要多管齐下、共同协作。技术创新不断推进，它对民生的威胁也日益加深，这些都使得健康问题所涉及的范围可能会急剧扩大，并最终造成更深远的社会问题。

建立共和国2.0：政治改革的必要性

在当前情形下，经济上的变革并不是唯一的需求。为了进一步推进本书讨论的各种倡议、举措，我们需要一种新型政治，一种允许更多实质性的政策讨论、具备更强能力做出有效决策的政治。"1984年至2015年，中层家庭的实际收入以每年0.5%的速度增长"，在这样的情况下，当代对话的重心落到了诸如刺激经济发展的方式、政府在经济发展中应当发挥怎样的作用这些老生常谈的问题上。[10] 保守派希望减少政府干预，而自由派则认为公共部门在维护社会稳定中发挥了重要的作用，比如应对不完善的市场、帮助人们适应未来社会的发展等。双方都试图利用高度分化的选民来获得优势，愤怒和失望在这个过程中轮番登场。

目前的僵局导致经济学家达龙·阿塞莫格鲁和西蒙·约翰逊提出了对政治制度的根本性反思，其思路与20世纪初重建政治的进步运动是一致的。他们指出，1890年的《谢尔曼反托拉斯法》、1913年通过宪法修正案的所得税规定、1913年直接选举美国参议员的规定、1920年保障妇女投票权的修正案，以及州级的初选和全民公投，这些都是打破那个时代僵局的关键性行动。他们写道："通过痛苦的经历，进步人士明白了，政治和经济是不可分割的。商业力量的集中导致了经济上的弊病。对此，他们不仅要求进行经济上的改革，而且要求就目前遇到的关键问题进行政治上的改革，甚至修改宪法。"[11]

在两人合著的《美国的民主》中，政治学家本杰明·佩奇和马丁·吉伦斯回应了这些观点。他们认为，美国的民主"出了问题"，不平等的财富扭曲了政治，扩大了富人的政治影响力，并导致公司和国际组织劫持了代议制政府。在他们看来，我们真正需要的是一场"争取民主的社会运动"，让制度民主化，为普通公民提供更平等的发言权。[12]

布鲁金斯大学的学者威廉·高尔斯顿和克拉拉·亨德里克森认为，加强反垄断执法是有好处的。鉴于众多经济部门日益集中，他们认为，现在是时候采取四大行动了，即加强对横向合并的执法力度，更新非横向合并的指导方针，打击掠夺性定价，以及降低反垄断执法成本。如果初创企业想要在市场上公平竞争，那么它们需要的是促进竞争的政策。[13]

不幸的是，从目前的情况来看，政治和体制上存在的问题阻碍了必要的改革。目前的形势过于两极化，这导致政府的某些功能完全失调了。领导人在一些根本性问题上存在分歧，无法应对技术变革带来的挑战，也很难在某些重要的行动上达成一致。

为了打破这一僵局，通信改革势在必行。前联邦通信委员会主席汤姆·惠勒曾提倡"公共利益 API"（应用程序编程接口），为社交媒体平台提供智能网络监管。他认为，计算机算法可以帮助读者和观众识别自己何时受到了网络操控或诈骗。他希望，数字工具能够保护民主规范，"而不需要侵入性的政府微观管理或政府机构的干涉"[14]。

此外，克拉拉·亨德里克森和威廉·高尔斯顿认为："解决自动化问题需要实现社会保障网的现代化，不仅要改善当今美国人的工作生活，还要应对工作自身不断变化的性质……这可能需要对一些挑战性观点持开放态度，即使这些观点挑战的是长期以来指导党派经济纲领的前提。"根据他们的观点，"传统的保守派将不得不接受某种程度的政府干预"[15]。

另外，人们将不得不重新考虑他们对社会责任的看法。现在，一部分人认为人们应该对自己负责，还有一部分人认为生活在社区里的每一个人都肩负着社会责任，这两者之间存在很大的分歧。那些强调对个人负责的人认为，如果一个人做得好，那么他就应该从自己的工作和想法中获得相应的回报，不需要缴纳太多的税，也不必受到收入再分配的影响。相反，如果一个人做得不好，那么这很可能是他自己的过错，或许是他不够努力，或许是他缺乏相应的技能，又或许是他的积极性不够高。

在未来，美国人将需要一个责任框架，在这个框架中，个人如果希望避免大规模的社会动荡，就需要帮助他人。可能会有许多工作勤奋、积极性高的人找不到工作，但这并不说明他们懒惰、不值得或者不愿意工作。确切地说，随着自动化、机器人技术和人工智能的发展，生产一定量的产品所需的员工越来越少，劳动力市场可能不再需要这么多人。

其他一些具有团结文化的国家将更容易应对劳动力的变化。他们的社会规范倾向于照顾有困难的群体，帮助这些人重新自力更生。宣扬人们要对自己而不是他人负责的个人主义观点，在这些国家中并不存在。这些国家早已建立了基于社会责任的政府项目，一旦失业率上升，这些项目将发挥作用。

美国很难在劳动力问题上达成社会共识，因为当前的形势受到了多个因素的影响，包括政府僵局、公众对领导层的普遍不信任，以及不同信仰的人之间的敌意。让人们接受同样的事实是不可能的，更不用说让他们考虑替代政策举措的重要性了。德高望重的分析人士认为，相当一部分人将面临失业或非充分就业，在这种情况下，两党领导人必须想办法达成共识，或者至少获得大多数人对某些必要行动的支持。[16]

作家E.J.迪翁、诺姆·奥恩斯坦和汤姆·曼恩抱怨当代政治中的操纵性。他们指出："我们现在的制度对美国的大多数人都不利，原因包括党派重划（这扭曲了立法选举的结果）、美国参议院的代表制度（这大大降低了大州居民的代表性）、金钱在政治中日益重要的作用（这使权力集中在极少数的经济精英手中）、选举人团的工作方式（这与我们的人口分布越来越不同步），以及立法机关使用各种措施的能力（从选民身份法到剥夺前重罪犯的选举制，再到阻挠数百万美国人进行民主选举）。"[17]

在一个可能持续几十年的调整期内，政府有可能会在社会发展中发挥更大的作用，因为仅靠私人市场将无法应对结构转型所造成的经济混乱。与20世纪初向工业经济转型时的情形类似，我们需要新的规划来帮助工作者应对最基本的变化，并帮助他们发展新技能。

这些政策举措将颇具挑战性，因为美国人对个人自由和政府角色的看法不一。如果相当多的人继续支持个人责任归属，那么重新设计社会契约、开发新项目，以及确定新的收入来源将会困难重重。领导者必须更好地解释为什么他们的提议能够使普通工作者受益。这不是我们当前政治话语的强项，因此，期待人们就某个倡议达成一致，将是应对即将到来的社会动荡的主要障碍。与20世纪初的情况一样，解决这些问题将需要几十年的时间。

推行全民投票，减少政治两极分化

在应对结构性经济转型的影响时，人们面临的最大问题之一是政治两极分化。在美国，低投票率助长了有害的极端主义政治和党派分化。[18] 只有55%~60%的合格选民在总统选举中参与投票，只有约40%的合格选民在非大选年的国会竞选中投票，这个比例在地方选举中只有10%~20%。这为政客们那些耍花招、走极端、逃避谈判和协商等种种缺乏政治素养的行为提供了机会。他们往往持不容协调的态度，拒绝承认不同观点的有效性，而不是从中间立场出发，寻求双方可以接受的妥协。结果就是整个制度体系陷入了僵局，"赢家通吃"的心态是对他们最真实的写照。

不过，有一个办法可以极大地帮助人们解决两极分化问题，那就是全民投票。它有可能瓦解当代政治中功能失调的环节。[19] 包括澳大利亚和比利时在内的20多个国家要求公民全部参与投票，如若不遵守，那么未参与投票者将支付少量民事罚款。[20] 几乎所有采用这种方法的国家都拥有稳定的政治，它们的选举参与率也远远超过90%。

这种改革可以从根本上改变领导人的选举动机，促使他们响应更广泛的民众诉求，减少政治极端主义产生的可能性。根据布鲁金斯学会的学者威廉·高尔斯顿和 E.J. 迪翁的说法，"热情的党派追随者更有可能参加投票率较低的选举，而那些意识形态不坚定、对具体问题不那么热心的人则更有可能待在家里"[21]。

实行全民投票的要求将改变目前瘫痪的选举动态，并改善民主国家的运作。它将改变候选人面临的战略环境，减少极端主义的产生，并使我们的领导人更好地采取务实的行动。以上种种都是重要的考虑因素，因为未来几年将考验我们政治体制的治理能力，以及领导人提供大胆而有效的方案的能力。

减少地域不平等

地域不平等给美国民主带来了严重的问题。从总体上来看，两个沿海地区和城市地区的经济发展比内陆乡村地区要繁荣得多。此外，仅仅受过高中或以下教育的群体的境况比受过大学教育的群体差很多。[22]

《华盛顿邮报》进行的一项民意调查发现，生活在城市和乡村地区的人们在观点上也存在很大的差异。这项调查揭示了，"美国城市和农村之间的分歧最终集中在公平上：谁是美国新经济中的赢家或输家，谁在社会中应该得到最多的帮助，以及联邦政府是否对某些群体给予了优待"。生活在乡村地区的人们面临就业压力，他们认为"政府往往倾向于帮助那些不负责任的人，而这些人不值得受到政府的帮助"[23]。

这种地理、教育和政治分歧的结合是相当危险的。在向数字经济转型的过程中，表现不佳的人往往会抨击政客以及他们认为的操纵了制度体系的精英们。他们不再相信政府会做正确的事，他们认为"特殊利益集团"会得到所有的经济利益。这些态度使得提出新的政策解决方案或将资源重新分配给需要帮助的人，变得困难重重。正如布鲁金斯的经济学家理查德·里夫斯在他的著作《梦想囤积者》中所指出的那样，在技术、不平等和商业模式发生根本性变化的前提下，美国的阶级分化正在加剧。这使得应对重大的政策挑战并重新设计社会契约变得非常困难。[24]

有一些方法可以解决当前发展中种种不匹配的状况。无论是在不同的地区，还是针对不同的群体，我们的经济政策都需要更加包容。全国少数几个县创造了绝大部分的 GDP，这种情况在政治和经济上都是不可靠的。[25] 如若不加以重视，这很可能会导致广泛的不满情绪和混乱局面，国家最终会变得毫无秩序。[25]

例如，投资人史蒂夫·凯斯和作家 J. D. 万斯曾联合发起了一项名为"其他地区的崛起"（The Rise of the Rest）的创新计划，旨在鼓励人们对内地初创企业进行风险投资，以此刺激欠发达地区的经济发展。目前，美国中部地区只吸引了 3% 的风险投资。[27] 凯斯和万斯认为，我们应该更加重视这些地区的发展，才能促进全国经济更均衡地增长。

此外，我们还应在欠发达的内陆地区进行基础设施和人力资本投资，以促进更强劲的发展。我们要利用公共资源来帮助欠发达的地区，这将使沿海地区已经出现的经济增长与其他地区更好的前景相平衡。从长远来看，加大不同领域的投资，能够促进经济发展落后、劳动力水平低下的地区的财富增长。

改善立法代表性

在美国的州立法机构和众议院，党派不公正划分选区引起的种种不平等加剧了不匹配的问题。美国的许多州都允许州立法机构每 10 年重新划分一次选区，而重新划分选区的方式有利于多数党。那些提出新的选区划分线的人利用计算机和先进的情景规划技术，扭曲了立法的代表性，削弱了民主。

其中一个例子就发生在威斯康星州。执政的共和党设计的选区划分线使其在连续几次选举中获得了不成比例的州议会席位。在 2012 年，尽管该州的共和党只赢得了 48.6% 的民众支持，但它获得了60%的议会席位。[28] 在2014年，它获得了63%的席位，但只有52%的选票。在2016年，它以52%的普选率赢得了州议会64%的席位。[29] 许多民主党人的选票集中在大城市，而选区划分线将这些人集中在少数几个选区内，这使得共和党人有可能控制更多的非城市选区，并在州立法机构中获得不公正的席位份额。

美国众议院也存在类似的问题。一项针对2016年大选的分析发现，共和党在全国范围内获得了49.9%的选票，但是获得了55.2%的议席。[30] 这使得共和党虽然在全国范围内没有那么高的支持率，但在众议院获得了席位优势和多数控制权。

美国参议院也有一些迫在眉睫的问题。参议院的议员选举原则是：无论州人口多少，每个州都有两个席位，这将政治代表权和经济产出之间的巨大差距制度化了。由于2/3的参议员所代表的地区的GDP仅占全国GDP的1/3，这种原则为经济状况不佳的群体提供了一种表达政治不满的体制机制。

纽约市立大学-巴鲁克学院的政治学家戴维·伯塞尔估计，这种代表性的扭曲在未来几十年中将会越来越严重。他预测："到2040年，70%的美国人将聚居在美国15个最大的州。"根据他的分析，评论员迪翁、奥恩斯坦和曼恩指出："70%的美国人将选举出30位参议员，而30%的美国人将选举出70位参议员。"[31] 再加上各州间的经济差距，这将导致民粹主义和反政府运动在未来几年持续发展下去。

废除选举人团制度：选举结果与民众意愿

在过去的选举中，总统普选的获胜者有时并没有获得选举人团的多数选票，其原因也是地理问题，该问题还困扰着许多州立法机构和美国国会。选举人团在各州分配的选举人人数与美国参议院、众议院议员的人数相等，这导致人口较少的州的代表人数过多，而一些大州的代表人数过少。

政治学家迪翁、奥恩斯坦和曼恩在对选举人团制度的批判性分析中非常清楚地阐明了这一点，他们写道："加利福尼亚州的人口是怀俄明州人口的 67 倍……加利福尼亚州每 713 637 人中有一位选举人，而怀俄明州每 195 167 人中就有一位选举人，因此实际上，怀俄明州的选民拥有的选举权是加利福尼亚州选民的三倍半以上。"[32]

随着美国进入数字经济时代，这些代表性的问题可能会变得更加棘手，因为各州之间的地理不平等在日益加剧。少数几个州县创造了绝大多数的经济产值，而多数州县的经济产值却占比甚微。这种地理上的经济差距会导致这样一种情况，即大选获胜的总统候选人极少获得普选的胜利，这种情况在美国历史上并不少见。然而，如果这种情况持续发生，它就会破坏民主的民众合法性，引发民众对选举结果的不满，从而导致宪法危机的全面爆发。

为了避免这种情况再次发生，我们应该修改宪法，废除选举人团制度，根据普选结果直接选举总统。这将降低公众强烈反对的可能性，并使国家体系在整体合法性方面有更坚实的基础。这将消除导致民众不满的主要来源，并将选举结果与公众意愿更紧密地联系起来。

竞选资金改革：政治体系中的经济不平等

竞选资金改革是美国的当务之急。美国的主要政党严重依赖少数超级捐赠者，巨额资金在美国政治中产生了腐蚀性影响，这些扭曲了政治体系。在2016年的选举中，超级政治行动委员会（super PAC）获赠的18亿美元中，有10亿美元来自前100位捐赠者。[33] 这只是美国政治过度依赖高额捐赠者的一个表现。

竞选资金问题与技术创新密切相关，因为大量新兴技术为少数个体创造了巨额财富，这将使蔓延到政治体系中的经济不平等永久化。超级富豪们有时会试图利用自己的经济资源达到一些政治目的，并在各种竞选和国家治理中获得不成比例的影响力。

要解决这一难题，我们必须做出改变。目前，有一些进行大规模秘密竞选捐款的方式，而法庭并不愿意修补这些漏洞。人们需要一部能够推翻联合公民决议的宪法修正案，因为这项决议为高额捐赠者和大型公司影响选举结果铺平了道路。这样的宪法修正案能有效修补体系中的漏洞，即富有的利益集团投入巨额资金（通常是通过不为大众所知的秘密途径）来帮助特定的候选人当选。修正案将有助于改善美国民主体系的运作。在处理大额捐款方面，我们需要更高的透明度。政治家们应当用更好的方式来谋求职位，而不是过度依赖某些富豪。

团结税

改善社会契约、提供工作再培训以及支持终身学习，这些都不是小规模的提议。例如，帮助工作者适应不断变化的工作环境和商业模式，就需要耗费数千亿美元。即便提高富人的收入所得税，政府也无力承担必要的政策举措所花费的成本。

因此，对 800 万美元以上的个人净资产征收 1% 的团结税非常重要。根据城市研究所的数据，这项税收只会影响到美国最富有的 1% 的家庭。[34] 这项提案带来的收入可用于资助经济重组和技术创新所需的社会支持项目。这将涉及公民账户、终身学习、扩大所得税抵免，以及带薪家庭假等内容。如果可以成功征收团结税，那么它不仅能够为重要项目提供关键资金，还能缓解全美普遍存在的不平等现象。

团结是即将到来的时代的重要原则。正如加拿大教育智库卡达斯的工作和经济项目主管布赖恩·德耶科玛所指出的，"当我们共同生活和工作时，我们之间形成的关系改善了我们的生活，并为我们提供了支持"[35]。然而近几十年来，这些关系被磨损了，这削弱了人们之间的联系。其结果是形成了一种注重个人而非社会责任的社会契约，以及一种不太愿意帮助他人的群体。重新点燃这种团结意识的火种，将是今后几年的一项紧迫任务。

小结

整个世界正处在一个重大的转折点上。数字技术的日益普及和随之而来的商业模式变革，推动了美国就业格局的巨变和经济不平等的加剧。[36] 经济不平等则威胁着政治的进程，使人们难以解决那些潜在的社会和经济问题。正如蕾切尔·努尔在她对世界文明如何衰落的分析中所指出的，"当精英阶层囤积大量财富和资源，将社会推向不稳定并最终崩溃时，灾难就会降临；而此时留给数量远远超过精英的普通民众的财富和资源已经所剩无几，甚至完全没有了"[37]。

这就是美国今天面临的问题。由于机器人和人工智能的推广，失业和非充分就业的风险越来越高，这可能导致大规模的不平等。市场本身无法解决这一系列问题。当经济和社会不平等出现时，市场没有自我纠正的机制。从历史上来看，只有促进社会流动、为所有人提供更多机会的政策得以落实时，人们才能真正解决不平等问题。

对任何一方来说，未能预测失业率上升所导致的严重后果都是风险极大的。如果社会和政治秩序无法帮助人们应对即将到来的结构转型，那么公众的愤怒就会加剧，民粹主义者对国家和全球精英的抵制也会加剧。[38]越来越多的人会认为体制是被操纵的，当权者在帮助普通工作者方面毫无作为。

在极端情况下，中产阶级的选民会感到自己被背叛了，因为他们并未分享到科技创新带来的繁荣，他们会对自己的未来和孩子的未来产生严重的焦虑。那些处于经济阶梯中层或底层的人将会看到自己的前景黯淡，政治舞台可能会比今天更加丑陋。[39]人们会寻找目标，将沮丧与不满发泄在他们认为的替罪羊身上。社会动荡可能会很普遍，民主政治也将危机重重。[40]

然而，政府大可不必走上社会和政治分裂的道路。如果我们对政治、社会契约和工作定义做出调整，那么我们就能应对即将到来的压力。[41]我们所需要的是一些政策和行动，它们能够鼓励并使技能再培训、终身教育和对工作世界的创造性重新设想成为可能。在这些领域取得进展将需要许多人的宽容、慷慨和远见卓识。选民们要朝着肩负社会责任的方向努力，照顾那些在数字时代境遇不佳的群体。他们要超越个人利益，着眼于社区利益和共同责任。虽然路途坎坷，但是一些可行的经济和政治改革将帮助人们在未来的险境中前进。

注　释

第一部分

第一章　机器人

1. Claire Cain Miller, "The Long-Term Jobs Killer Is Not China. It's Automation," *New York Times*, December 21, 2016.
2. Eric Boehm, "Other Shoe Drops as $15 Minimum Wage Spurs Wendy's to Pursue Automated Ordering," Watchdog.org, May 13, 2016.
3. Tae Kim, "McDonald's Hits All-Time High as Wall Street Cheers Replacement of Cashiers with Kiosks," CNBC, June 22, 2017.
4. Jack Karsten and Darrell M. West, "Automation beyond the Factory," TechTank (blog), Brookings Institution, December 15, 2016.
5. Claire Cain Miller, "Amazon's Move Signals End of Line for Many Cashiers," *New York Times Upshot*, June 17, 2017.
6. Angel Gonzalez, "Are Amazon's Robots Job Robbers or Dance Partners?," *Seattle Times*, August 17, 2017; Sarah Kessler, "Amazon's Massive Fleet of Robots Hasn't Slowed Down Its Employment of Humans," Quartz, February 3, 2017.
7. Quoted in Brian Baskin, "Next Leap for Robots: Picking Out and Boxing Your Online Order," *Wall Street Journal*, July 23, 2017.

8. Will Knight, "A Robot with Its Head in the Cloud Tackles Warehouse Picking," *Technology Review*, April 5, 2017.
9. Alice Rivlin, "Seeking a Policy Response to the Robot Takeover," *Real Clear Markets*, May 2, 2017.
10. Darrell M. West, *Megachange: Economic Disruption, Political Upheaval, and Social Strife in the 21st Century* (Brookings Institution Press, 2016).
11. International Federation of Robotics, "Executive Summary World Robotics 2016 Service Robots," 2016 (https://ifr.org/downloads/press/02_2016/Executive_Summary_Service_Robots_2016.pdf).
12. James Hagerty, "Meet the New Generation of Robots for Manufacturing," *Wall Street Journal*, June 2, 2015.
13. Alison Sander and Meldon Wolfgang, "The Rise of Robotics," Boston Consulting Group, August 27, 2014 (www.bcgperspectives.com/content/articles/business_unit_strategy_innovation_rise_of_robotics/).
14. RBC Global Asset Management, "Global Megatrends: Automation in Emerging Markets," 2014 (https://us.rbcgam.com/resources/docs/pdf/whitepapers/Global_Megatrends_Automation_Whitepaper.pdf).
15. Jennifer Smith, "A Robot Can Be a Warehouse Worker's Best Friend," *Wall Street Journal*, August 3, 2017.
16. Anonymous CEO, quoted in Moises Naim, "As Robots Take Our Jobs, Guaranteed Income Might Ease the Pain," *Huffington Post*, July 18, 2016.
17. Kim Tingley, "Learning to Love Our Robot Co-Workers," *New York Times Magazine*, February 23, 2017.
18. Quoted in Baskin, "Next Leap for Robots."
19. Grace Lordan and David Neumark, "People versus Machines: The Impact of Minimum Wages on Automatable Jobs," NBER Working Paper 26337 (Cambridge, Mass.: National Bureau of Economic Research, August 2017). Also see Chico Harlan, "Rise of the Machines," *Washington Post*, August 5, 2017.
20. Quoted in Alana Semuels, "Robots Will Transform Fast Food," *The Atlantic*, December 7, 2017.
21. John Markoff, "Korean Team Wins Pentagon's Crisis Robotics Contest," *New York Times*, June 8, 2015.

22. Gary Shteyngart, "Thinking outside the Bots," *Smithsonian*, June 2017, pp. 56–80.
23. Prudence Ho and Jason Gale, "A Case of Chicken vs. Machine," *Bloomberg Businessweek*, January 16–22, 2017, p. 18.
24. Dexter Roberts and Rachel Chang, "China's Robot Revolution," *Bloomberg Businessweek*, May 1–7, 2017, pp. 32–34.
25. Keith Bradsher, "A Robot Revolution in China as Car Manufacturers Look to Cut Costs," *New York Times*, May 13, 2017.
26. Conner Forrest, "Chinese Factory Replaces 90% of Humans with Robots, Production Soars," *Tech Republic*, July 30, 2015.
27. Nick Statt, "iPhone Manufacturer Foxconn Plans to Replace Almost Every Human Worker with Robots," The Verge, December 30, 2016.
28. Beatrice Gitau, "Smart Hotel: Japan Opens a Hotel Run by Robots," *Christian Science Monitor*, July 18, 2015.
29. Donna St. George, "Peyton's Awesome Virtual Self, a Robot That Allows Girl with Cancer to Attend School," *Washington Post*, November 28, 2016.
30. Eitan Wilf, "Sociable Robots, Jazz Music, and Divination: Contingency as a Cultural Resource for Negotiating Problems of Intentionality," *American Ethnologist: Journal of the American Ethnological Society*, November 6, 2013, p. 605 (http://onlinelibrary.wiley.com/doi/10.1111/amet.12041/abstract).
31. Mike Murphy, "Amazon Tests out Robots That Might One Day Replace Warehouse Workers," Quartz, June 1, 2015; Gregory Wallace, "Amazon Deploys Army of Robots in Gen Warehouses," CNN Money, December 1, 2014.
32. Michael Belfiore, "Delivery Robot," *Bloomberg Businessweek*, May 23–29, 2016, p. 33.
33. Quoted in Dan Zak, "I Am Your New Robot Security Guard," *Washington Post*, September 26, 2017.
34. Cynthia Breazeal, "The Personal Side of Robots," speech, SXSW (South by Southwest), Austin, Tex., March 13, 2015.
35. Nick Leiber, "Europe Bets on Robots to Help Care for Seniors," *Bloomberg Businessweek*, March 21–27, 2016, p. 38.

36. John Markoff, "As Aging Population Grows, So Do Robotic Health Aides," *New York Times*, December 4, 2015.
37. Felix Gillette, "Baby's First Virtual Assistant," *Bloomberg Businessweek*, January 3, 2017.
38. Rachel Botsman, "Co-Parenting with Alexa," *New York Times*, October 8, 2017, p. 5.
39. Thi-Hai-Ha Dang and Adriana Tapus, "Stress Game: The Role of Motivational Robotic Assistance in Reducing User's Task Stress," *International Journal of Social Robotics*, April 2015.
40. Jenny Kleeman, "The Race to Build the World's First Sex Robot," *The Guardian*, April 27, 2017.
41. Julie Beck, "Who's Sweating the Sexbots?," *The Atlantic*, September 30, 2015; Caitlin Gibson, "The Future of Sex Includes Robots and Holograms," *Washington Post*, January 14, 2016.
42. George Gurley, "Is This the Dawn of the Sexbots?," *Vanity Fair*, May, 2015.
43. Kleeman, "The Race to Build the World's First Sex Robot."
44. Ibid.
45. Ibid.
46. Ibid.
47. Alyson Krueger, "Future Sex Is Here," *New York Times*, October 29, 2017.
48. Quoted in Daniel Weisfield, "Peter Thiel at Yale," MBA blog, Yale School of Management, April 27, 2013 (https://dev-som.yale.edu/blog/peter-thiel-at-yale-we-wanted-flying-cars-instead-we-got-140-characters?blog=3490).
49. Ibid.
50. European Parliament, "European Civil Law Rules in Robotics," 2016 (www.europarl.europa.eu/RegData/etudes/STUD/2016/571379/IPOL_STU(2016)571379_EN.pdf).

第二章　人工智能

1. Quoted in Adi Robertson, "Treasury Secretary 'Not at All' Worried about

Robots Taking Jobs," The Verge, March 24, 2017.
2. Quoted in Ina Fried, "Elon Musk: 'There Will Not Be a Steering Wheel' in 20 Years," Axios, July 15, 2017.
3. Shukla S. Shubhendu and Jaiswal Vijay, "Applicability of Artificial Intelligence in Different Fields of Life," *International Journal of Scientific Engineering and Research* 1, no. 1 (2013), pp. 2347–78.
4. Jenna Wortham, "Silicon Valley Has Fallen in Love with Chatbots," *New York Times Magazine*, April 24, 2016.
5. Executive Office of the President, "Artificial Intelligence, Automation, and the Economy," White House, December 2016 (https://obamawhitehouse.archives.gov/sites/whitehouse.gov/files/documents/Artificial-Intelligence-Automation-Economy.PDF), and "Preparing for the Future of Artificial Intelligence," White House, October 2016 (https://obamawhitehouse.archives.gov/sites/default/files/whitehouse_files/microsites/ostp/NSTC/preparing_for_the_future_of_ai.pdf).
6. Thomas Davenport, Jeff Loucks, and David Schatsky, "Bullishon the Business Value of Cognitive" (Deloitte, 2017), p. 3 (www2.deloitte.com/us/en/pages/deloitte-analytics/articles/cognitive-technology-adoption-survey.html).
7. Shubhendu and Vijay, "Applicability of Artificial Intelligence in Different Fields of Life."
8. Luke Dormehl, *Thinking Machines: The Quest for Artificial Intelligence—and Where It's Taking Us Next* (New York: Penguin–TarcherPerigee, 2017).
9. Shubhendu and Vijay, "Applicability of Artificial Intelligence in Different Fields of Life."
10. Michael Lewis, *Flash Boys: A Wall Street Revolt* (New York: Norton, 2015).
11. Cade Metz, "In Quantum Computing Race, Yale Professors Battle Tech Giants," *New York Times*, November 14, 2017, p. B3.
12. Andrei A. Kirilenko and Andrew W. Lo, "Moore's Law versus Murphy's Law: Algorithmic Trading and Its Discontents," *Journal of Economic Perspectives* 27, no. 2 (2013), pp. 51–72.
13. Christian Davenport, "Future Wars May Depend as Much on Algorithms as

on Ammunition, Report Says," *Washington Post*, December 3, 2017.
14. Ibid.
15. Kevin Desouza, Rashmi Krishnamurthy, and Gregory Dawson, "Learning from Public Sector Experimentation with Artificial Intelligence," TechTank (blog), Brookings Institution, June 23, 2017.
16. Cecille De Jesus, "AI Lawyer 'Ross' Has Been Hired by Its First Official Law Firm," *Futurism*, May 11, 2016.
17. Paul Mozur, "China Sets Goal to Lead in Artificial Intelligence," *New York Times*, July 21, 2017, p. B1.
18. Paul Mozur and John Markoff, "Is China Outsmarting American Artificial Intelligence?," *New York Times*, May 28, 2017.
19. "China May Match or Beat America in AI," *Economist*, July 15, 2017.
20. Paul Mozur and Keith Bradsher, "China's A.I. Advances Help Its Tech Industry, and State Security," *New York Times*, December 3, 2017.
21. Dominic Barton, Jonathan Woetzel, Jeongmin Seong, and Qinzheng Tian, "Artificial Intelligence: Implications for China" (New York: McKinsey Global Institute, April 2017), p. 1.
22. Ibid., p. 7.
23. Andrew McAfee and Erik Brynjolfsson, *Machine Platform Crowd: Harnessing Our Digital Future* (New York: Norton, 2017).
24. Ibid.
25. Armand Joulin and Tomas Mikolov, "Inferring Algorithmic Patterns with Stack-Augmented Recurrent Nets," ArKiv, June 1, 2015.
26. Nathaniel Popper, "Stocks and Bots," *New York Times* Magazine, February 28, 2016.
27. Ibid.
28. Ibid.
29. Ibid.
30. Pat Regnier, "Coming for Your Trading Desk," *Bloomberg Businessweek*, June 26, 2017, pp. 22–23.
31. Rasmus Rothe, "Applying Deep Learning to Real-World Problems," *Medium*, May 23, 2017.

32. Ibid
33. Ray Kurzweil, "Integrated Circuits," *New York Times Book Review*, March 19, 2017, p. 13.
34. Cameron Kerry and Jack Karsten, "Gauging Investment in Self-Driving Cars," Brookings Institution, October 16, 2017.
35. Darrell M. West, "Driverless Cars in China, Europe, Japan, Korea, and the United States," Brookings Institution, September, 2016.
36. 参见 2016 年 7 月 14 日对百度专家的采访。
37. Waymo, "On the Road to Fully Self-Driving," Waymo Safety Report, 2017 (https://storage.googleapis.com/sdc-prod/v1/safety-report/waymo-safety-report-2017-10.pdf).
38. 测试结果来自开放数据库 Labeled Faces in the Wild (LFW), 参见 http://vis-www.cs.umass.edu/lfw/results.html#attsim。
39. 参见 2016 年 7 月 12 日对百度专家的采访。
40. Ibid.
41. Yuming Ge, Xiaoman Liu, Libo Tang, and Darrell M. West, "Smart Transportation in China and the United States," Center for Technology Innovation, Brookings Institution, December, 2017.
42. Peter Holley, "Uber Signs Deal to Buy 24,000 Autonomous Vehicles from Volvo," *Washington Post*, November 20, 2017.
43. Farhad Manjoo, "Think Amazon's Drone Delivery Idea Is a Gimmick? Think Again," *New York Times*, August 10, 2016.
44. Ibid.
45. Ibid.
46. Kaya Yurieff, "Amazon Patent Reveals Drone Delivery 'Beehives,'" CNN Tech, June 23, 2017.
47. Anousha Sakoui, "Can VR Find a Seat in the Parlor?," *Bloomberg Businessweek*, May 29–June 4, 2017, p. 22.
48. Rachel Metz, "Augmented Reality Is Finally Getting Real, *Technology Review*, August 2, 2012.
49. Cade Metz, "A New Way for Therapists to Get Inside Heads: Virtual Reality," *New York Times*, July 30, 2017.

50. Joshua Kopstein, "The Dark Side of VR," The Intercept, December 23, 2016.
51. 更多信息参见 Darrell M. West, "The Ethical Dilem mas of Virtual Reality," TechTank (blog), Brookings Institution, April 18, 2016。
52. Joshua Brustein and Spencer Soper, "Who's Alexa?," *Bloomberg Businessweek*, May 2–8, 2016, pp. 31–33.
53. Penelope Green, "Alexa, Where Have You Been All My Life?," *New York Times*, July 11, 2017.
54. Kevin Desouza and Rashmi Krishnamurthy, "Chatbots Move Public Sector toward Artificial Intelligence," TechTank (blog), Brookings Institution, June 2, 2017.
55. Dieter Bohn, "The Machine Is Learning," The Verge, May 17, 2017.
56. Ibid.
57. Mike Isaac, "Facebook Bets on Bots for Its Messenger App," *New York Times*, April 12, 2016.
58. Jane Levere, "A.I. May Book Your Next Trip (with a Human Assist)," *New York Times*, May 30, 2016.
59. Yongdong Wang, "Your Next New Best Friend Might Be a Robot," Nautilus, September 14, 2017.
60. Osonde Osoba and William Welser IV, "The Risks of Artificial Intelligence to Security and the Future of Work" (Santa Monica, Calif.: RAND Corp., December 2017) (www.rand.org/pubs/perspectives/PE237.html).
61. Elaine Glusac, "As Airbnb Grows, So Do Claims of Discrimination," *New York Times*, June 21, 2016.
62. "Joy Buolamwini," *Bloomberg Businessweek*, July 3, 2017, p. 80.
63. Ian Tucker, "'A White Mask Worked Better': Why Algorithms Are Not Colour Blind," *The Guardian*, May 28, 2017.
64. Jessica Guynn, "Palantir Charged with Discriminating against Asians," *USA Today*, September 26, 2016; Jessica Guynn, "Palantir Settles Asian Hiring Discrimination Lawsuit," *USA Today*, April 25, 2017.
65. Jon Valant, "Integrating Charter Schools and Choice-Based Education Systems," Brown Center Chalkboard (blog), Brookings Institution, June

23, 2017.
66. Levi Tillemann and Colin McCormick, "Roadmapping a U.S.-German Agenda for Artificial Intelligence Policy," New America Foundation, March 2017, p. 4.
67. Katie Benner, "Airbnb Vows to Fight Racism, But Its Users Can't Sue to Prompt Fairness," New York Times, June 19, 2016.
68. John Quain, "Cars Suck up Data about You. Where Does It All Go?," *New York Times*, July 27, 2017.
69. Jeff Asher and Rob Arthur, "Inside the Algorithm That Tries to Predict Gun Violence in Chicago," *New York Times Upshot*, June 13, 2017.
70. Caleb Watney, "It's Time for Our Justice System to Embrace Artificial Intelligence," TechTank (blog), Brookings Institution, July 20, 2017.
71. Asher and Arthur, "Inside the Algorithm That Tries to Predict Gun Violence in Chicago."
72. Tucker, "A White Mask Worked Better."
73. Cliff Kuang, "Can A.I. Be Taught to Explain Itself?," *New York Times Magazine*, November 21, 2017.
74. Oren Etzioni, "How to Regulate Artificial Intelligence," *New York Times*, September 1, 2017.
75. "Ethical Considerations in Artificial Intelligence and Autonomous Systems," unpublished paper, IEEE Global Initiative, 2017.
76. Ritesh Noothigattu, Snehalkumar Gaikwad, Edmond Awad, Sohan Dsouza, Iyad Rahwan, Pradeep Ravikumar, and Ariel Procaccia, "A Voting-Based System for Ethical Decision Making," *Computers and Society*, MIT Media Lab, September 20, 2017 (www.media.mit.edu/publications/a-voting-based-system-for-ethical-decision-making/).
77. Joseph Aoun, *Robot-Proof: Higher Education in the Age of Artificial Intelligence* (MIT Press, 2017).
78. Danielle Paquette, "Her Dilemma: Do I Let My Employer Microchip Me?," *Washington Post*, July 25, 2017.
79. Executive Office of the President, "Artificial Intelligence, Automation, and the Economy" and "Preparing for the Future of Artificial Intelligence."

80. Eric Siegel, "Predictive Analytics Interview Series: Andrew Burt," *Predictive Analytics Times,* June 14, 2017.

第三章　物联网

1. Quote Investigator, "How Will You Get Robots to Pay Union Dues?," June 9, 2017.
2. Ian King, "5G Networks Will Do Much More than Stream Better Cat Videos," Bloomberg News, May 2, 2016.
3. Darrell M.West, "How 5G Enables the Health Internet of Things," Brookings Institution, July 14, 2016.
4. 参见 2016 年 6 月 7 日对阿莎·凯迪的采访。
5. Tom Peters, "FCC Workshop Reveals Secrets of 5G," blog post, Hogan Lovells, March 15, 2016.
6. Mark Scott, "What 5G Will Mean for You," *New York Times,* February 21, 2016.
7. King, "5G Networks Will Do Much More than Stream Better Cat Videos."
8. Hadley Weinzierl, "Digital Universe Invaded by Sensors," EMC.com, April 9, 2014.
9. Scott, "What 5G Will Mean for You."
10. Marc Andreessen, "Why Software Is Eating the World," *Wall Street Journal,* August 20, 2011.
11. Quoted in Sean Buckley, "AT&T Will Launch SDN Service in 63 Countries Simultaneously This Year," press release, AT&T, May 23, 2016.
12. Rajat Sahni, "New Report Study SDN/NFV Technologies: Innovative Use Cases and Operator Strategies," *Industry Today,* April 11, 2016.
13. David Goldman, "What Is 5G?," CNN Money, December 4, 2015.
14. Tadilo Endeshaw Bogale and Long Bao Le, "Massive MIMO and Millimeter Wave for 5G Wireless HetNet: Potentials and Challenges," *IEEE Vehicular Technology Magazine,* October 21, 2015.
15. Ibid.
16. Quoted in Jonathan Rockoff, "Remote Patient Monitoring Lets Doctors Spot

Trouble Early," *Wall Street Journal*, February 16, 2015.
17. "Cellular Technologies Enabling the Internet of Things," 4G Americas, November, 2015 (www.5gamericas.org/files/6014/4683/4670/4G_Americas_Cellular_Technologies_Enabling_the_IoT_White_Paper_-_November_2015.pdf).
18. Robert Hume and Jeff Looney, "Telemedicine and Facility Design," *HFM Magazine*, February, 2016.
19. Chii-Wann Lin and others, "Taipei Citizen Telecare Service System for Hypertension Management in Elders," in *Proceedings of the 2014 Annual SRII Global Conference* (Washington, D.C.: IEEE Computer Society, 2014), pp. 57–80.
20. Dana Wollman, "The Internet of Toddlers," Engadget, January 7, 2014.
21. White House, "President Obama's Precision Medicine Initiative," press release, January 30, 2015 (https://obamawhitehouse.archives.gov/the-press-office/2015/01/30/fact-sheet-president-obama-s-precision-medicine-initiative).
22. Hye-Jung Chun and others, "Second-Generation Sequencing for Cancer Genome Analysis," *Cancer Genomics*, 2014.
23. Eric Dishman, "Getting to the Next Step with Personalized Medicine," Intel Blog, February 25, 2016.
24. National Institutes of Health, Precision Medicine Initiative Cohort Program (www.nimhd.nih.gov/programs/collab/pmi/).
25. Jocelyn Kaiser, "NIH's 1-Million-Volunteer Precision Medicine Study Announces First Pilot Projects," *Science*, February 25, 2016.
26. Jessica Davis, "Penn Medicine's Modern Big Data Initiative's Applications Alert Doctors of At-Risk Patients," *Information Week*, October 6, 2015.
27. Jonathan Vanian, "Intel's Cancer Cloud Gets New Recruits," *Fortune*, March 31, 2016.
28. 参见 2016 年 6 月 6 日对鲍勃·罗杰斯的采访。
29. "The Internet of Things and Healthcare Policy Principles," white paper, Intel, undated (www.intel.com/content/dam/www/public/us/en/documents/white-

papers/iot-healthcare-policy-principles-paper.pdf).
30. University of Virginia Health System, "Home-Based Coordinated Care Management," unpublished paper, undated.
31. Alan Snell and Julia Smalley, "Beacon Community Research Study: Reducing Hospital Readmissions via Remote Patient Management," Indiana Health Information Exchange, 2013.
32. Care Innovations, "How Mississippi Is Leading the Way in Innovation," 2015.
33. Paul Budde Communication, "Global Digital Economy: E-Health and M-Health. Insights, Stats and Analysis," August 12, 2015, p. 2.
34. Ibid., p. 17.
35. Andras Petho, David Fallis, and Dan Keating, "ShotSpotter Detection System Documents 39,000 Shooting Incidents in the District," *Washington Post,* November 2, 2013.
36. Darrell M. West and Dan Bernstein, "Benefits and Best Practices of Public Safe City Innovation," Brookings Institution, 2017.
37. Tjerk Timan, "The Body-Worn Camera as a Transitional Technology," *Surveillance & Society* 14, no. 1 (2016), pp. 145–49.
38. Barak Ariel, William Farrar, and Alex Sutherland, "The Effect of Police Body-Worn Cameras on Use of Force and Citizens' Complaints against the Police," *Journal of Quantitative Criminology* 31, no. 3 (September 2015), 509–35.
39. Angela Godwin, "Advanced Metering Infrastructure: Drivers and Benefits in the Water Industry," Water World, undated (www.waterworld.com/articles/print/volume-27/issue-8/editorial-features/special-section-advanced-metering-infrastructure/advanced-metering-infrastructure-drivers-and-benefits-in-the-water-industry.html).
40. Darrell M. West, "Driverless Cars in China, Europe, Japan, Korea, and the United States," Center for Technology Innovation, Brookings Institution, September 2016.
41. Pacific Institute, "Metering in California," September 2014.
42. "Smarter Water Management: Parks, Recreation and Open Spaces," fact

sheet, Miami-Dade County and IBM Technology Projects, undated.
43. Darielle Bochove, "A More Automated Gold Mine," *Bloomberg Businessweek,* October 30, 2017, pp. 26–27.
44. Darrell M. West, "Driverless Cars in China, Europe, Japan, Korea, and the United States."
45. Li Shufu, "Paving the Way for Autonomous Cars in China," *Wall Street Journal,* April 21, 2016.
46. Chris Buckley, "Beijing's Electric Bikes, the Wheels of E-Commerce, Face Traffic Backlash," *New York Times,* May 30, 2016.
47. 参见 2016 年 7 月 12 日对百度专家的采访。
48. James Anderson, Nidhi Kalra, Karlyn Stanley, Paul Sorensen, Constantine Samaras, and Oluwatobi Oluwatola, "Autonomous Vehicle Technology: A Guide for Policymakers" (Santa Monica, Calif.: RAND Corp., 2016), p. xvi.
49. Tatiana Schlossberg, "Stuck in Traffic, Polluting the Inside of Our Cars," *New York Times,* August 29, 2016.
50. Daniel Fagnant and Kara Kockelman, "The Travel and Environmental Implications of Shared Autonomous Vehicles Using Agent-Based Model Scenarios," *Transportation Research Part C* 40 (2014), pp. 1–13.
51. Daniel Shoup, "Cruising for Parking," *Access* 30 (2007), pp. 16–22.
52. Bruce Weindelt, "Digital Transformation of Industries: Automotive Industry," World Economic Forum in collaboration with Accenture, January 2016, p. 4.
53. Harald Bauer, Ondrej Burkacky, and Christian Knochenhauer, "Security in the Internet of Things" (New York: McKinsey, May 2017).

第二部分

第四章　变化的工作

1. Edward Bellamy, *Looking Backward: 2000–1887* (Boston:Houghton-Mifflin, 1888).

2. Dawn Nakagawa, "The Second Machine Age Is Approaching," *Huffington Post*, February 24, 2015.
3. 员工数量引自 Jerry Davis, "Capital Markets and Job Creation in the 21st Century," Center for Effective Public Management, Brookings Institution, December 30, 2015, p. 7。通用汽车公司的市值数据是根据其每股53.50美元的股价，以及其283 488 664股已发行的普通股数量计算的。股价参见 *Chicago Tribune*, "G.M. Stock Weak in Irregularly Higher Market," March 3, 1962。发行数量参见 General Motors' 1963 10-K statement filed with the Securities and Exchange Commission, p. 25。美国电话电报公司的市值是根据其每股106美元的股价和243 062 000股已发行的普通股数量计算的，参见 *New York Times*, "AT&T Earnings Set Marks in '62," January 3, 1963。我用美国劳工统计局的CPI通胀指数将1962年的美元价值转换成2017年的美元价值。
4. Mary Meeker, "Internet Trends," Kleiner Perkins, 2017.
5. Robert Gebeloff and Karl Russell, "How the Growth of E-Commerce Is Shifting Retail Jobs," *New York Times*, July 7, 2017, p. B1.
6. U.S. Bureau of Labor Statistics, "Current Population Survey" for prime-age men, 1948–2017. See also Executive Office of the President, "The Long-Term Decline in Prime-Age Male Labor Force Participation," White House, June 2016 (https://obamawhitehouse.archives.gov/sites/default/files/page/files/20160620_cea_primeage_male_lfp.pdf).
7. U.S. Bureau of Labor Statistics, "Labor Force Participation," September 2016.
8. Executive Office of the President, "The Long-Term Decline in Prime-Age Male Labor Force Participation," p. 3.
9. Eleanor Krause and Isabel Sawhill, "What We Know and Don't Know about Declining Labor Force Participation," Center on Children and Families, Brookings Institution, May 17, 2017.
10. Michael Schuman, "Why Wages Aren't Growing," *Bloomberg Businessweek*, September 25, 2017.
11. David Rotman, "Who Will Own the Robots," *MIT Technology Review*, September 2015.

12. Martin Ford, *The Lights in the Tunnel: Automation, Accelerating Technology, and the Economy of the Future* (CreateSpace, 2009), p. 237. See also Martin Ford's more recent book, *Rise of the Robots: Technology and the Threat of a Jobless Future* (New York: Basic Books, 2015).
13. Katja Grace, John Salvatier, Allan Dafoe, Baobao Zhang, and Owain Evans, "When Will AI Exceed Human Performance? Evidence from AI Experts," arXiv.org, May 30, 2017.
14. "Manufacturing under the Trump Administration," Sixth Annual John Hazen White Forum on Public Policy, Brookings Institution, July 13, 2017.
15. U.S. Bureau of Labor Statistics, "Employment Projections: 2014–2024 Summary," December 8, 2015.
16. Ibid.
17. Harold Meyerson, "Technology and Trade Policy Is Pointing America toward a Job Apocalypse," *Washington Post*, March 26, 2014. Carl Benedict Frey and Michael Osborne, "The Future of Employment: How Susceptible Are Jobs to Computerisation?," faculty paper, Oxford University, September 17, 2013.
18. Frey and Osborne, "The Future of Employment," pp. 57–72.
19. Jeremy Bowles, "Chart of the Week: 54% of EU Jobs at Risk of Computerisation," blog post, Bruegel.org, July 24, 2014. See also Georgios Petropoulos, "Do We Understand the Impact of Artificial Intelligence on Employment?," blog post, Bruegel.org, April 27, 2017.
20. Ben Schiller, "How Soon before Your Job Is Done by a Robot?," Fast Coexist, January 6, 2016.
21. James Manyika, Michael Chui, Mehdi Miremadi, Jacques Bughin, Katy George, Paul Willmott, and Martin Dewhurst, "A Future That Works: Automation, Employment, and Productivity" (New York: McKinsey Global Institute, January 2017).
22. James Manyika, Susan Lund, Michael Chui, Jacques Bughin, Jonathan Woetzel, Parul Batra, Ryan Ko, and Saurabh Sanghui, "Jobs Lost, Jobs Gained: Workforce Transitions in a Time of Automation" (New York: McKinsey Global Institute, December 2017).

23. Aaron Smith and Janna Anderson, "AI, Robotics, and the Future of Jobs," Pew Research Center, August 6, 2014.
24. Melanie Arntz, Terry Gregory, and Ulrich Zierahn, "The Risk of Automation for Jobs in OECD Countries: A Comparative Analysis," Organization for Economic Cooperation and Development, Working Paper 189 (OECD, 2016), p. 4.
25. Erik Brynjolfsson and Andrew McAfee, *The Second Machine Age: Work, Progress, and Prosperity in a Time of Brilliant Technologies* (New York: Norton, 2014), p. 11.
26. Daron Acemoglu and Pascual Restrepo, "Robots and Jobs: Evidence from US Labor Markets," NBER Working Paper 23285 (Cambridge, Mass.: National Bureau of Economic Research, March 2017), abstract. Also see Claire Cain Miller, "Evidence That Robots Are Winning the Race for American Jobs," *New York Times*, March 29, 2017, p. B3.
27. Lawrence Summers, "The Economic Challenge of the Future: Jobs," *Wall Street Journal*, July 7, 2014.
28. Christopher Matthews, "Summers: Automation Is the Middle Class'[s] Worst Enemy," Axios, June 4, 2017.
29. David Rotman, "How Technology Is Destroying Jobs," *MIT Technology Review*, June 12, 2013 (www.technologyreview.com/featured-story/515926/how-technology-is-destroying-jobs/).
30. Rotman, "How Technology Is Destroying Jobs."
31. Mark Muro, Sifan Liu, Jacob Whiton, and Siddharth Kulkarni, "Digitalization and the American Workforce," Metropolitan Policy Program, Brookings Institution, November 2017.
32. Melissa Kearney, Brad Hershbein, and David Boddy, "The Future of Work in the Age of the Machine," The Hamilton Project, Brookings Institution, February 2015.
33. Ruchir Sharma, "Robots Won't Kill the Workforce: They'll Save the Economy," *Washington Post*, December 4, 2016.
34. Kia Kokalitcheva, "Self-Driving Cars Will Boost the Job Market," Axios AM, May 31, 2017.

35. Aaron Smith, "Public Predictions for the Future of Workforce Automation," Pew Research Center, March 10, 2016.
36. Aaron Smith, "U.S. Views of Technology and the Future," Pew Research Center, April 2014 (www.pewinternet.org/files/2014/04/US-Views-of-Technology-and-the-Future.pdf).
37. Aaron Smith, "Automation in Everyday Life," Pew Research Center, October 4, 2017 (www.pewinternet.org/2017/10/04/automation-in-everyday-life/).
38. "Making It in America: The View from America," Burson-Marsteller and PSB survey, June 2017, unpublished report, pp. 25, 29.
39. Aaron Smith and Monica Anderson, "Automation in Everyday Life," Pew Research Center, October 4, 2017.
40. Ibid., p. 26.
41. Ibid.
42. Nathan Bomey, "Automation Puts Jobs in Peril," *USA Today*, February 6, 2017.
43. A. T. Kearney, "Adapting to Disruption," 2017, p. 5.
44. United Kingdom Commission for Employment and Skills, "The Future of Work: Jobs and Skills in 2030," February 2014 (www.gov.uk/government/publications/jobs-and-skills-in-2030).
45. Bureau of Labor Statistics, Current Population Survey, Household Data, June 2017 (www.bls.gov/opub/mlr/2016/article/labor-force-participation-what-has-happened-since-the-peak.htm).
46. Costanza Biavaschi, Werner Eichhorst, Corrado Giulietti, Michael Kendzia, Alexander Muravyev, Janneke Pieters, Nurai Rodriguez-Planas, Ricarda Schmidl, and Klaus Zimmermann, "Youth Unemployment and Vocational Training," World Development Report, World Bank, 2013.
47. Jeffrey Sachs, "Smart Machines and the Future of Jobs," *Boston Globe*, October 10, 2016.
48. Ibid.
49. World Bank, "Unemployment, Youth Total," 2017 (https://data.worldbank.org/indicator/SL.UEM.1524.ZS).

50. Richard Adler and Rajiv Mehta. "Catalyzing Technology to Support Family Caregiving," National Alliance for Caregiving, 2014 (www.caregiving.org/wp-content/uploads/2010/01/Catalyzing-Technology-to-Support-Family-Caregiving_FINAL.pdf).
51. Matthew Clark, Jongil Lim, Girma Tewolde, and Jaerock Kwon, "Affordable Remote Health Monitoring System for the Elderly Using Smart Mobile Devices," *Sensors & Transducers* 184, no.1 (January 31, 2015), pp. 77–83.
52. Laura Robinson, Sheila R. Cotten, Hiroshi Ono, Anabel Quan-Haase, Gustavo Mesch, Wenhong Chen, Jeremy Schultz, Timothy M. Hale, and Michael J. Stern, "Digital Inequalities and Why They Matter," *Information, Communication & Society* 18, no. 5 (2015), pp. 569–82.
53. David Weil, *The Fissured Workplace* (Harvard University Press, 2014).
54. Karen Shook, "Review of 'The Fissured Workplace,'" *Times Higher Education*, March 6, 2014.
55. Niam Yaraghi and Shamika Ravi, "The Current and Future State of the Sharing Economy," Brookings Institution, December 29, 2016.
56. Matt Sinclair, "5 Questions for…Zoe Baird," *Philanthropy News Digest*, September 12, 2016.
57. Danny Vinik, "The Real Future of Work," Politico, January/February, 2018, pp. 80–87.
58. Ian Hathaway and Mark Muro, "Ridesharing Hits Hyper-Growth," The Avenue (blog), Brookings Institution, June 1, 2017.
59. Adam Minter, "China Is the Future of the Sharing Economy," Bloomberg News, May 18, 2017.
60. Amanda Erickson, "A Chinese Umbrella-Sharing Start-up Just Lost Nearly All of Its 300,000 Umbrellas," *Washington Post*, July 12, 2017.
61. Amy Qin, "In China, Umbrellas and Basketballs Join the Sharing Economy," *New York Times*, May 28, 2017.
62. Liz Alderman, "Feeling 'Pressure All the Time' on Europe's Treadmill of Temporary Work," *New York Times*, February 9, 2017.
63. Yaraghi and Ravi, "The Current and Future State of the Sharing Economy."
64. Ellen Huet, "The Humans Hiding behind the Chatbots," *Bloomberg*

Businessweek, May 9 – 15, 2016, pp. 34 – 35.
65. Jamie Horsley, "Backgrounder on China's Sharing Economy," June 2017, unpublished paper.
66. Noam Scheiber, "Uber Has a Union of Sorts, but Faces Doubts on Its Autonomy," *New York Times*, May 12, 2017.
67. The Commission on Work, Workers, and Technology, "Report of Findings," Shift Commission.Work, 2017 (www.newamerica.org/new-america/policy-papers/shift-commission-report-findings/).
68. Griffith Insurance Education Foundation, "Millennial Generation Attitudes about Work and the Insurance Industry," February 6, 2012 (www.theinstitutes.org/doc/Millennial-Generation-Survey-Report.pdf).
69. Lindsey Pollack, "Attitudes and Attributes of Millennials in the Workplace," Deloitte, September 12, 2014.
70. Job Centre Plus, "Volunteering while Getting Benefits" (London: UK Department for Work and Pensions, October 2010) (www.gov.uk/government/uploads/system/uploads/attachment_data/file/264508/dwp1023.pdf).
71. Derek Thompson, "A World without Work," *The Atlantic*, July/ August, 2015.
72. Melinda Sandler Morill and Sabrina Wulff Pabilonia, "What Effects Do Macroeconomic Conditions Have on Families' Time Together?," Leibniz Information Centre for Economics, 2012 (http://hdl.handle.net/10419/58561).
73. National Endowment for the Arts, "Arts Data Profile," August 2016.
74. National Endowment for the Arts, "Surprising Findings in Three New NEA Reports on the Arts," January 12, 2015.
75. Ibid.
76. Christopher Ingraham, "Poetry Is Going Extinct, Government Data Show," *Washington Post*, April 24, 2015.
77. Nielsen, "Year-End Music Report," January 9, 2017.
78. Nancy Vogt, "Audio: Fact Sheet," Pew Research Center, June 15, 2016.
79. Craft Yarn Council, "Knitting and Crocheting Are Hot," January 2015.
80. Centers for Disease Control and Prevention, National Center for Health

81. Statistics, "Prevalence of Obesity among Adults and Youth," November 2015.
81. Statista, "Total Number of Memberships at Fitness Centers/Health Clubs in the U.S. from 2000 to 2015," 2016.
82. U.S. Department of Health and Human Services, "Leisure-Time Physical Activity," May 2016.
83. PHIT America, "America's 15 Fastest Growing Sports and Activities," May 5, 2015.
84. Marlynn Wei, "New Survey Reveals the Rapid Rise of Yoga," Harvard Health Blog, March 7, 2016.

第五章　新型社会契约

1. Kia Kokalitcheva, "Self-Driving Cars Will Boost the Job Market," Axios AM, May 31, 2017.
2. Nicolas Colin and Bruno Palier, "Social Policy for a Digital Age," *Foreign Affairs* 94, no. 4 (July/August 2015), pp. 29–33.
3. Kaiser Family Foundation, "Health Insurance Coverage of the Total Population," database, July 10, 2017 (www.kff.org/other/state-indicator/to talpopulation/?currentTimeframe=0&sortModel=%7B%22colId%22: %22Location%22, %22sort%22: %22asc%22%7D).
4. Henry Alford, "The Tricky Etiquette of Co-Working Spaces," *New York Times*, November 5, 2016.
5. Colin Bradford and Roger Burkhardt, "Empowering People to Control Their Futures," Policy Report, Brookings Institution, March 9, 2017, unpublished paper.
6. Eli Lehrer, "The Future of Work," *National Affairs*, Summer 2016, p. 48.
7. Jon Greenberg, "'Medicaid Expansion Drove Health Insurance Coverage under Health Law,' Rand Paul Says," Politifact, January 15, 2017.
8. Seth Harris and Alan Krueger, "A Proposal for Modernizing Labor Laws for Twenty-First-Century Work: The 'Independent Worker,'" The Hamilton Project, Brookings Institution, December 2015, p. 3.

9. Ibid., p. 6.
10. Daniel Araya and Sunil Johal, "Work and Social Policy in the Age of Artificial Intelligence," TechTank (blog), Brookings Institution, February 28, 2017.
11. Laura Addati, Naomi Cassirer, and Katherine Gilchrist, *Maternity and Paternity at Work: Law and Practice across the World* (Geneva: International Labour Organization, 2014).
12. AEI-Brookings Working Group on Paid Family Leave , "Paid Family and Medical Leave: An Issue Whose Time Has Come," American Enterprise Institute-Brookings Institution, May 2017, p. 2 (www.brookings.edu/wp-content/uploads/2017/06/es_20170606_paidfamilyleave.pdf).
13. Ibid.
14. Erik Brynjolfsson and Andrew McAfee, *The Second Machine Age: Work, Progress, and Prosperity in a Time of Brilliant Technologies* (New York: W. W. Norton, 2014), pp. 238–39.
15. "The Tax Policy Briefing Book," Tax Policy Center, Urban Institute and Brookings Institution, 2016 (www.taxpolicycenter.org/briefing-book/key-elements/family/eitc.cfm).
16. Ibid.
17. Cass Sunstein, "A Poverty-Buster That's No Liberal Fantasy," *Bloomberg View*, August 13, 2015.
18. Elizabeth Kneebone and Natalie Holmes, "Strategies to Strengthen the Earned Income Tax Credit," Brookings Institution, December 9, 2015.
19. Natalie Holmes and Alan Berube, "The Earned Income Tax Credit and Community Economic Stability," Brookings Institution, November 20, 2015.
20. Alan Berube, "Want to Help the Working Class? Pay the EITC Differently," The Avenue (blog), Brookings Institution, June 28, 2017.
21. Steve Holt, "Periodic Payment of the Earned Income Tax Credit Revisited," Policy Report, Brookings Institution, December 2015, p. 17.
22. "What Is Trade Adjustment Assistance?" (U.S. Department of Labor, July 14, 2017).
23. Tom DiChristopher, "Sizing Up the Trade Adjustment Assistance Program,"

CNBC, June 26, 2015.
24. Kara Reynolds and John Palatucci, "Does Trade Adjustment Assistance Make a Difference?," American University, August 2008, unpublished paper.
25. DiChristopher, "Sizing Up the Trade Adjustment Assistance Program."
26. Mark Muro, "Failure to Adjust: The Case of Auto-IRA," The Avenue (blog), Brookings Institution, May 8, 2017.
27. Timothy Martin, "The Champions of the 401(k) Lament the Revolution They Started," *Wall Street Journal*, January 2, 2017.
28. Thomas Heath, "The 401(k) Match Is Back, and It's Getting Bigger," *Washington Post*, July 18, 2017.
29. Colin and Palier, "Social Policy for a Digital Age." See also Scott Santens, "Everything You Think You Know about the History and Future of Jobs Is Wrong," Institute for Ethics and Emerging Technologies, August 19, 2015.
30. Ben Schiller, "A Universal Basic Income Is the Bipartisan Solution to Poverty We've Been Waiting For," Fast Coexist, March 16, 2015.
31. Robert Skidelsky, "Minimum Wage or Living Income," Project Syndicate, July 16, 2015.
32. Max Ehrenfreund, "The Issue That Could Unite Conservatives and Socialists," *Washington Post*, June 7, 2016.
33. Peter Goodman, "Free Money for the Jobless," *New York Times*, December 18, 2016.
34. Anthony Painter and Chris Thoung, "Creative Citizen, Creative State: The Principled and Pragmatic Case for a Universal Basic Income," *Medium*, 2015, p. 11.
35. Rob Atkinson, "13 Things to Know about How Automation Impacts Jobs," *Huffington Post*, May 10, 2017.
36. Ibid.
37. Charles Kenny, "Give Poor People Cash," *The Atlantic*, September 25, 2015.
38. Derek Thompson, "A World without Work," *The Atlantic*, July/August, 2015.
39. Greg Beach, "Finland Prepares Universal Basic Income Experiment," *Inhabitat*, November 4, 2015.
40. Tafline Laylin, "Dutch City to Hand Out Free Basic Income in New Social

Experiment," *Inhabitat*, June 30, 2015.
41. Libby Brooks, "Universal Basic Income Trials Being Considered in Scotland," *The Guardian*, January 1, 2017.
42. Andrew Flowers, "What Would Happen If We Just Gave People Money?," Five Thirty Eight, April 25, 2016.
43. Helena Bachmann, "Swiss Say 'No' to a Guaranteed Income from the Government," *USA Today*, June 6, 2016.
44. Lukas Golder and others, "Real Public Debate on Unconditional Basic Income," GFS Bern, June 5, 2016.
45. Belinda Tasker, "Could a Basic Income Protect You from the Rise of Robots?," West Australian, September 23, 2017.
46. Eli Lehrer, "The Future of Work," *National Affairs*, Summer 2016, p. 44.
47. Clare Cain Miller, "How to Beat the Robots," *New York Times*, March 7, 2017.
48. Ellen Huet, "The Humans Hiding behind the Chatbots," *Bloomberg Businessweek*, May 9–15, 2016, pp. 34–35.
49. Kathryn Dill, "Job-Stealing Robots Should Pay Income Taxes," CNBC, February 17, 2017.
50. Lawrence Summers, "Picking on Robots Won't Deal with Job Destruction," *Washington Post*, March 5, 2017.
51. Noah Smith, "What's Wrong with Bill Gates' Robot Tax," Bloomberg News, February 28, 2017.
52. James Stewart, "Tax Reform for the Wealthy: Lower Rates but Lose Breaks," *New York Times*, September 22, 2017, p. B1.
53. Michelle Fox, "Why We Need a Global Wealth Tax," CNBC, March 10, 2015.
54. Daphne Chen, Fatih Guvenen, Gueorgui Kambourov, and Burhanettin Kuruscu, "Efficiency Gains from Wealth Taxation," February 15, 2013.
55. Adam Nossiter, "Emmanuel Macron's Unwanted New Title: 'President of the Rich,'" *New York Times*, November 1, 2017.
56. "Wealth Tax," Wikipedia (accessed May 23, 2017).
57. "Trump Proposes Massive One-Time Tax on the Rich," CNN, November 9, 1999.
58. Urban Institute, "Nine Charts about Wealth Inequality in America," Urban. org, 2015 (last update October 5) (http://apps.urban.org/features/wealth-

inequality-charts/).

59. Robert Frank, "The Top 1% of Americans Now Control 38% of the Wealth," CNBC, September 28, 2017. See also "Trends in Family Wealth, 1989 to 2013" (Congressional Budget Office, August 2016), p. 2; and Emmanuel Saez and Gabriel Zucman, "Wealth Inequality in the United States since 1913: Evidence from Capitalized Income Tax Data," *Quarterly Journal of Economics*, May 2016, pp. 519–78.

60. The 2017 number comes from U.S. Federal Reserve Bank, "Recent Developments in Household Net Worth and Domestic Nonfinancial Debt," 2017 (www.federalreserve.gov/releases/z1/current/z1.pdf). 历史数据参见 the CBO's August 2016 "Trends in Family Wealth, 1989 to 2013," p. 1。

61. Anna Bernasek, "Looking beyond Income, to a Taxon Wealth," *New York Times*, February 9, 2013.

62. Max Ehrenfreund, "Trump's Proposals Could Hike Taxes for Nearly a Quarter of the Middle Class," *Washington Post*, July 12, 2017. Also see William Gale, Surachai Khitatrakun, and Aaron Krupkin, "Winners and Losers after Paying for the Tax Cuts and Jobs Act," Tax Policy Center, December 8, 2017.

63. Chye-Ching Huang, "Corporate Tax Cuts Could Hurt—Not Help—Workers," Off the Charts (blog) (Washington, D.C.: Center on Budget and Policy Priorities, July 20, 2017).

第六章 终身学习

1. Daniel Araya and Heather McGowan, "Education and Accelerated Change," Brown Center Chalkboard (blog), Brookings Institution, September 14, 2016.

2. Monte Whaley, "Colorado Students Find Niche in Tech and Hands-On School Programs," *Denver Post*, December 25, 2016.

3. Elizabeth Mann, "Connecting Community Colleges with Employers: A Toolkit for Building Successful Partnerships," Brown Center on Education Policy, Brookings Institution, July 2017.

4. John Donovan and Cathy Benko, "AT&T's Talent Overhaul," *Harvard Business Review*, October 2016.
5. Ibid.
6. Harry Holzer, "Will Robots Make Job Training (and Workers) Obsolete? Workforce Development in an Automating Labor Market," Policy Report, Brookings Institution, June 19, 2017, p. 5.
7. "73% of Adults Consider Themselves Lifelong Learners," Pew Research Center, March 22, 2016.
8. Ibid.
9. Eric Hanushek and Ludger Woessmann, "Apprenticeship Programs in a Changing Economic World," Brown Center Chalkboard (blog), Brookings Institution, June 28, 2017.
10. Darrell M. West, *Digital Schools: How Technology Can Transform Schools* (Brookings Institution Press, 2012).
11. Elaine Allen and Jeff Seaman, "Class Differences: Online Education in the United States, 2010" (Boston: Babson Survey Research Group, 2010), p. 5.
12. Basmat Parsad and Laurie Lewis, "Distance Education at Degree-Granting Postsecondary Institutions" (National Center for Education Statistics, U.S. Department of Education, 2008).
13. Elaine Allen and Jeff Seaman, "Digital Learning Compass: Distance Education Enrollment Report" (Boston: Babson Survey Research Group, 2017).
14. Barbara Means, Yukie Toyama, Robert Murphy, Marianne Bakia, and Karla Jones, "Evaluation of Evidence-Based Practices in Online Learning: A Meta-Analysis and Review of Online Learning Studies" (U.S. Department of Education, Office of Planning, Evaluation, and Policy Development, September 2010).
15. Kurt Eisele-Dyrli, "Mobile Goes Mainstream," District Administration, February 2011 (www.districtadministration.com/article/mobile-goes-mainstream).
16. Garry Falloon, "Making the Connection: Moore's Theory of Transactional Distance and Its Relevance to the Use of a Virtual Classroom in Postgraduate Online Teacher Education," *Journal of Research on Technology in Education* 43,

no. 3 (2011), pp. 187–209.
17. Daphne Koller, "Online Education for the 21st Century," faculty paper, Stanford University, undated.
18. Bryant Urstadt, "The Math of Khan," *Bloomberg Businessweek,* May 23–29, 2011, p. 76.
19. Dawn Nakagawa, "The Second Machine Age Is Approaching," *Huffington Post,* February 24, 2015.
20. Ibid.
21. United Kingdom Commission for Employment and Skills, "The Future of Work: Jobs and Skills in 2030," February 2014, p. 106 (www.gov.uk/government/publications/jobs-and-skills-in-2030).
22. Thomas Arnett, "Teaching Is Ripe for Machine Assistance," Teach for America, June 5, 2017 (www.teachforamerica.org/one-day-magazine/teaching-ripe-machine-assistance).
23. "Innovate to Educate: System [Re]Design for Personalized Learning. A Report from the 2010 Symposium" (Washington, D.C.: Software and Information Industry Association, 2010), p. 8.
24. Darrell M. West, *Digital Schools: How Technology Can Transform Schools.*
25. Howard Gardner, *Frames of Mind: The Theory of Multiple Intelligences* (New York: Basic Books, 1983).
26. Ibid.
27. John Dewey, *Schools of Tomorrow* (New York: Dutton, 1915), p. 18.
28. "Innovate to Educate: System [Re]Design for Personalized Learning," p. 18.
29. Ibid., p. 19.
30. 对学校的描述参见 www.hightechhigh.org。
31. Ibid.
32. John Hechinger, "A Virtual Education," *Bloomberg Businessweek,* June 6–12, 2011, p. 77.
33. Trip Gabriel, "Speaking Up in Class, Silently, Using the Tools of Social Media," *New York Times,* May 13, 2011, p. A1.
34. Ted Kolderie and Tim McDonald, "How Information Technology Can Enable 21st Century Schools" (Washington, D.C.: Information Technology

and Innovation Foundation, July 2009), p. 2.
35. Kemal Dervis, "A New Birth for Social Democracy," op-ed, Project Syndicate, Brookings Institution, June 10, 2015.
36. Aspen Institute Future of Work, "Lifelong Learning and Training Accounts," 2018.
37. White House, "President's Plan to Provide Americans with Job Training and Employment Services," March 12, 2012.
38. Peter McClure, "Grubstake," *Change*, June 1976, p. 41.
39. Kelli Grant, "Michigan Joins Ranks of Schools with Free Tuition," CNBC, June 16, 2017.
40. Kelli Grant, "If You Can't Get New York's Free Tuition, Here Are 10 More States with Cheap College Costs," CNBC, May 17, 2017.
41. Dervis, "A New Birth for Social Democracy."

第三部分

第七章 关于政治的反思

1. John Green, "Scary New World," *New York Times*, November 7, 2008.
2. John Micklethwait, Megan Murphy, and Ellen Pollock, "Don't Gamble, Invest," *Bloomberg Businessweek*, June 13, 2016, p. 47.
3. Darrell M. West, *Megachange: Economic Disruption, Political Upheaval, and Social Strife in the 21st Century* (Brookings Institution Press, 2016).
4. Tyler Cowen, "Industrial Revolution Comparisons Aren't Comforting," Bloomberg News, February 16, 2017.
5. David Bornstein, "The Art of Getting Opponents to 'We,'" *New York Times*, November 3, 2015.
6. Tom Wheeler, "Did Technology Kill the Truth?," Brookings Institution, November 14, 2017.
7. Darrell M. West, *Billionaires: Reflections on the Upper Crust* (Brookings Institution Press, 2014).

8. Thomas Piketty and Emmanuel Saez, "Income Inequality in the United States, 1913–1998," *Quarterly Journal of Economics* 118 (2003), pp. 1–39. 1999—2008年的数据参见 http:// emlab.berkeley.edu/users/saez。See also Richard Burkhauser and others, "Recent Trends in Top Income Shares in the USA: Reconciling Estimates from March CPS and IRS Tax Return Data," NBER Working Paper 15320 (Cambridge, Mass.: National Bureau of Economic Research, September 2009); and Thomas Piketty, *Capital in the Twenty-First Century* (Harvard University Press, 2014).
9. 2012年的收入数据参见Emmanuel Saez, "Striking It Richer: The Evolution of Top Incomes in the United States," faculty paper, Department of Economics, University of California, Berkeley, September 3, 2013 (http:// elsa.berkeley.edu/~saez/saez-UStopincomes2012.pdf)。
10. Ed Harris and Frank Sammartino, "Trends in the Distribution of Household Income, 1979–2009" (Congressional Budget Office, August 6, 2012).
11. Piketty, *Capital in the Twenty-First Century*.
12. Colin Bradford, *Reframing Globalization toward Better Social Outcomes* (Berlin: Friedrich-Ebert-Stiftung, May 2017), p. 3.
13. Benjamin Page, Larry Bartels, and Jason Seawright, "Democracy and the Policy Preferences of Wealthy Americans," *Perspectives on Politics* 11 (March 2013), pp. 51–73.
14. Ibid., p. 55.
15. Kay Lehman Schlozman, Sidney Verba, and Henry Brady, *The Unheavenly Chorus: Unequal Political Voice and the Broken Promise of American Democracy* (Princeton University Press, 2012).
16. Lee Drutman, "The 1,000 Donors Most Likely to Benefit from McCutcheon—and What They Are Most Likely to Do" (Sunlight Foundation, October 2, 2013).
17. Page, Bartels, and Seawright, "Democracy and the Policy Preferences of Wealthy Americans," pp. 53–54.
18. "American National Election Study 2012 Preliminary Release Codebook," University of Michigan, June 13, 2013, p. 1039.
19. Page, Bartels, and Seawright, "Democracy and the Policy Preferences of

Wealthy Americans."
20. Ibid.
21. Global Wealth Databook: 2012 (Credit Suisse Research Institute, October 2012), p. 127 (http://piketty.pse.ens.fr/files/Davies%20et%20al%202012_global_wealth_databook.pdf).
22. Page, Bartels, and Seawright, "Democracy and the Policy Preferences of Wealthy Americans."
23. Martin Gilens, *Affluence and Influence: Economic Inequality and Political Power in America* (Princeton University Press, 2012).
24. Martin Gilens and Benjamin Page, "Testing Theories of American Politics: Elites, Interest Groups, and Average Citizens," *Perspectives on Politics* 12, no. 3. (Fall 2014), p. 2.
25. Nicolas Colin and Bruno Palier, "Social Policy for a Digital Age," *Foreign Affairs*, July/August 2015.
26. Nathan Gardels, "French Reforms Aim for a New Social Contract in the Age of Disruption," *Washington Post*, December 1, 2017.
27. Liz Alderman, "In Sweden, Happiness in a Shorter Workday Can't Overcome the Cost," *New York Times*, January 6, 2017.
28. Kevin Desouza, "Autonomous Vehicles Will Cost Local Governments Big Bucks," *Slate*, June 16, 2015.
29. Jack Ewing, "Robocalype Now? Central Bankers Argue Whether Automation Will Kill Jobs," *New York Times*, June 28, 2017.
30. David Leonhardt, "The American Dream, Quantified at Last," *New York Times*, December 11, 2016, p. 2.
31. William Galston, *Anti-Pluralism: The Populist Threat to Liberal Democracy* (Yale University Press, forthcoming).
32. Philip Bump, "Places That Saw More Job Loss to Robots Were Less Likely to Support Hillary Clinton," *Washington Post*, March 29, 2017.
33. "Full Text of Mark Zuckerberg's Harvard Graduation Speech," *USA Today*, May 25, 2017.
34. Mark Muro and Sifan Liu, "Another Clinton-Trump Divide: High-Output America vs. Low-Output America," The Avenue (blog), Brookings Insti-

tution, November 29, 2016.

35. Kim Hart, "The Large Parts of America Left behind by Today's Economy," Axios, September 25, 2017 (www.axios.com/americas-fractured-economic-well-being-2488460340.html).
36. Ben Casselman, "A Start-Up Slump Is a Drag on the Economy," *New York Times*, September 20, 2017.
37. Franklin Foer, *World without Mind: The Existential Threat of Big Tech* (New York: Penguin Press, 2017).
38. Steve LeVine, "Artificial Intelligence Pioneer Calls for the Breakup of Big Tech," Axios, September 20, 2017.
39. Seth London and Bradley Tusk, "How to Save the Rust Belt," *Politico*, September 6, 2017; Andrew Ross Sorkin, "From Bezos to Walton, Big Investors Back Fund for 'Flyover' Start-Ups," *New York Times*, December 4, 2017.
40. Sam Wetherell, "Richard Florida Is Sorry," *Jacobin*, August 19, 2017.
41. Jim Tankersley, "Donald Trump Lost Most of the American Economy in This Election," *Washington Post*, November 22, 2016.
42. Ibid.
43. Darrell M. West, "How to Combat Fake News and Disinformation," Brookings Insitutution, December 2017.
44. Jen Weedon, William Nuland, and Alex Stamos, "Information Operations," Facebook, April 27, 2017.
45. Craig Silverman, "This Analysis Shows How Viral Fake Election News Stories Outperformed Real News on Facebook," BuzzFeed News, November 16, 2016.
46. Craig Timberg and Elizabeth Dwoskin, "Russian Content on Facebook, Google and Twitter Reached Far More Users than Companies First Disclosed, Congressional Testimony Says," *Washington Post*, October 30, 2017.
47. Tim Wu, "Did Twitter Kill the First Amendment?," *New York Times*, October 28, 2017, p. A9.
48. Marc Fisher, John Cox, and Peter Hermann, "Pizzagate: From Rumor, to Hashtag, to Gunfire in D.C.," *Washington Post*, December 6, 2016.
49. Ibid.

50. Craig Silverman and Jeremy Singer-Vine, "Most Americans Who See Fake News Believe It, New Survey Says," BuzzFeed News, December 6, 2016.
51. Hunt Allcott and Matthew Gentzkow, "Social Media and Fake News in the 2016 Election," NBER Working Paper 23089 (Cambridge, Mass.: National Bureau of Economic Research, April 2017), p. 4.
52. Emilio Ferrara, Onur Varol, Clayton Davis, Filippo Menczer, and Alessandro Flammini, "The Rise of Social Bots," *Communications of the ACM* 59, no. 7 (July 2016), pp. 96–104.
53. Ibid.
54. Michela Del Vicario, Alessandro Bessi, Fabiana Zollo, Fabio Petroni, Antonio Scala, Guido Caldarelli, Eugene Stanley, and Walter Quattrociocchi, "The Spreading of Misinformation Online," *PNAS* 113, no. 3 (2016), pp. 554–59.
55. David Lazer, Matthew Baum, Nir Grinberg, Lisa Friedland, Kenneth Joseph, Will Hobbs, and Carolina Mattsson, "Combating Fake News: An Agenda for Research and Action" (Harvard Shorenstein Center on Media, Politics and Public Policy and Harvard Ash Center for Democratic Governance and Innovation, May 2017), p. 5.
56. Belinda Goldsmith, "Trust the News? Most People Don't, Social Media Ever More Suspect," Reuters, June 21, 2017.
57. Martin Gilens and Benjamin Page, "Testing Theories of American Politics: Elites, Interest Groups, and Average Citizens," *Perspectives on Politics* 12, no. 3 (Fall 2014), pp. 564–81.
58. Eduardo Porter, "What's at Stake in a Health Bill That Slashes the Safety Net," *New York Times*, March 21, 2017.

第八章 经济改革与政治改革

1. Sheelah Kolhatkar, "Welcoming Our New Robot Overlords," *New Yorker*, October 23, 2017.
2. AEI-Brookings Working Group on Paid Family Leave, "Paid Family and Medical Leave: An Issue Whose Time Has Come," American Enterprise Institute-Brookings Institution, May 2017 (https://www.brookings.edu/wp-

content/uploads/2017/06/es_20170606_paidfamilyleave.pdf).

3. Colin Bradford and Roger Burkhardt, "Empowering People to Control Their Futures," Policy Report, Brookings Institution, March 9, 2017; Eli Lehrer, "The Future of Work," National Affairs, Summer 2016, p. 48 (www.nationalaffairs.com/publications/detail/the-future-of-work).

4. Anne Case and Angus Deaton, "Mortality and Morbidity in the 21st Century," Brookings Panel on Economic Activity, May 1, 2017.

5. Carol Graham, Sergio Pinto, and John Juneau, "The Geography of Desperation in America," Brookings Institution, July 24, 2017.

6. Carol Graham, "The Unhappiness of the US Working Class," op-ed, Brookings Institution, July 10, 2017.

7. Brian Fuller, "Building Better Preschools—but for Which Kids?," Brown Center Chalkboard (blog), Brookings Institution, July 20, 2017.

8. Satya Nadella, *Hit Refresh* (New York: HarperCollins, 2017).

9. Tim Craig and Nicole Lewis, "As Opioid Overdoses Exact a Higher Price, Communities Ponder Who Should Be Saved," *Washington Post*, July 15, 2017.

10. Robert Gordon, "The Political Pendulum Will Swing Back," Axios, July 16, 2017.

11. Daron Acemoglu and Simon Johnson, "It's Time to Found a New Republic," *Foreign Policy*, August 15, 2017.

12. Benjamin Page and Martin Gilens, *Democracy in America? What Has Gone Wrong and What We Can Do About It* (University of Chicago Press, 2018).

13. William Galston and Clara Hendrickson, "A Policy at Peace with Itself: Antitrust Remedies for Our Concentrated, Uncompetitive Economy," Policy Report, Brookings Institution, January 5, 2018.

14. Tom Wheeler, "Did Technology Kill the Truth?," Brookings Institution, November 14, 2017.

15. Clara Hendrickson and William Galston, "Automation Presents a Political Challenge, but Also an Opportunity," TechTalk (blog), Brookings Institution, May 18, 2017.

16. Lawrence Summers, "The Economic Challenge of the Future: Jobs," *Wall*

Street Journal, July 7, 2014; Christopher Matthews, "Summers: Automation Is the Middle Class' Worst Enemy," Axios, June 4, 2017.

17. E. J. Dionne, Norman Ornstein, and Thomas Mann, *One Nation after Trump* (New York: St. Martin's Press, 2017), p. 5.
18. Darrell M. West, *Megachange: Economic Disruption, Political Upheaval, and Social Strife in the 21st Century* (Brookings Institution Press, 2016).
19. William Galston, "Telling Americans to Vote, or Else," *New York Times*, November 5, 2011.
20. International Institute for Democratic Electoral Assistance, "Compulsory Voting," undated (www.idea.int/vt/compulsory_voting.cfm#practicing).
21. William Galston and E. J. Dionne, "The Case for Universal Voting: Why Making Voting a Duty Would Enhance Our Elections and Improve Our Government," Center for Effective Public Management, Brookings Institution, September 2015, p. 4.
22. J. D Vance, *Hillbilly Elegy: A Memoir of a Family and Culture in Crisis* (New York: HarperCollins, 2016).
23. Jose DelReal and Scott Clement, "Rural Divide," *Washington Post*, June 17, 2017.
24. Richard Reeves, *The Dream Hoarders* (Brookings Institution Press, 2017).
25. Mark Muro and Sifan Liu, "Another Clinton-Trump Divide: High-Output America vs. Low-Output America," The Avenue (blog), Brookings Institution, November 29, 2016.
26. Amy Liu, "To Create Economic Opportunities, Cities Must Confront Their Past — and Look to the Future," The Avenue (blog), Brookings Institution, July 17, 2017.
27. Jon Swartz and Jessica Guynn, "JD Vance, Steve Case Want the Heartland's Start-Up Pitches," *USA Today*, June 26, 2017.
28. Adam Liptak and Michael Shear, "Supreme Court Hears 'Good Evidence' Voting Maps Entrenched a Party in Power, Justice Says," *New York Times*, October 3, 2017.
29. Mark Stern, "Partisan Gerrymandering Got the Sotomayor Treatment," *Slate*, October 4, 2017.

30. Molly Reynolds, "Republicans in Congtress Got a 'Seats Bonus' This Election (Again)," FixGov (blog), Brookings Institution, November 22, 2016.
31. Dionne, Ornstein, and Mann, *One Nation after Trump*, p. 30.
32. Dionne, Ornstein, and Mann, *One Nation after Trump*, p. 29.
33. Paul Blumenthal, "Super PAC Mega-Donors Expand Election Influence with Record $1 Billion In Contributions," *Huffington Post*, December 19, 2016.
34. Urban Institute, "Nine Charts about Wealth Inequality in America," Urban.org, 2015 (last update October 5) (http://apps.urban.org/features/wealth-inequality-charts/).
35. Brian Dijkema, "Reviving Solidarity," National Affairs 34 (Winter 2018), p.135.
36. Darrell M. West, *Megachange*.
37. Rachel Nuwer, "How Western Civilization Could Collapse," BBC News, April 18, 2017.
38. Vance, *Hillbilly Elegy*.
39. Reeves, *The Dream Hoarders*.
40. William Galston, *Anti-Pluralism: The Populist Threat to Liberal Democracy* (Yale University Press, forthcoming).
41. Darrell M. West, *Megachange*.